Copyright © 2021 Ana Silvani
Copyright © 2021 WeBook Publishing

Todos os direitos reservados
Este livro é uma obra de poesia bilíngue em Português e Inglês.
Nomes e acontecimentos são produto da imaginação da autora.
Qualquer semelhança com pessoas e eventos reais é mera coincidência.
Nenhuma parte deste livro deve ser reproduzida sem prévia autorização da editora, exceto trechos usados em artigos e resenhas.
Primeira Edição
Escrito por Ana Silvani
Traduções da Autora
Capa: Drica Lobo
Revisão Português: Ana Bueno

***

This is a work of bilingual poetry written in Portuguese and English.
Names, characters and incidents are either the product of the author's imagination or are used fictitiously.
No part of this book may be used or reproduced in any form without written permission from the publisher, except in the case of brief quotations embodied in critical articles and reviews.
For information, please email info@webookpublishing.com

All rights reserved.
First Edition
ISBN: 978-1-7372780-0-9
Written by Ana Silvani
Translated by the Author
Cover Design: Drica Lobo
Portuguese Copy Editing: Ana Bueno

Let's publish together!
webookpublishing.com

.HALF LOVE.

.META(DE) AMOR.

An immigrant poetic journey (2010-2020) and her ponderings about life, love and loss

Ana Silvani

Poemas Bilíngues
(English & Portuguese)

ACKNOWLEDGEMENTS

My forever thanks to those who helped me throughout the process of writing this book:

My parents, Marlene e João Silvani. My siblings, Daiana and André Silvani.

My husband, Gary Martin, for also helping with the proofreading.

The Silvani & Martin Families.

Drica Lobo, for the amazing cover design, friendship, creative mentorship and artistic genius.

Ana Bueno, for the Portuguese copy editing and for spreading the word by reading my poems to her friends and students.

Laura Linn, for being there filling my journey with courage, friendship, art, and video-poems. Eliane Huning Corona, Allan Lima, Luciane Pivetta, Deborah de Andrade, Julia Corti, Anna Barreiros, Bruno Alves dos Santos, Helena Geraci, Sam Chegini, Caio Costa, Bianka Pavão, Germano Kuerten, Deborah Liss, Ed Gallo, Juliana Werlang, Glauciara Godois, and Jeff Lima. You made me feel creative and called my words beautiful. You are creative and beautiful too. You are the ones who kept feeding my soul with wonder, hope, and so much love. You said yes to my crazy ideas and even recorded yourselves reading my poems for the IGTV Series. Oh, dear! You are the ones who gave voice to quiet words.

To all immigrants who have ever felt different, who silenced their words afraid of being laughed at. I hear you. Speak up!

To all women, whether thirsty for change or broken hearted and alone, you can do it. Get up. Hold my hand. Let's go!

To those who inspired these poems and won't get a chance to read it. Thank you for being there when I needed my heart to be broken because a poem wanted to be born.

Dear reader, if we haven't met yet, I leave here a blank space so the day we finally do, I can handwrite your name and tell you something beautiful about your soul. This one's for all of you, my dear book lovers. Thank you, _____ !

AGRADECIMENTOS

Meu eterno obrigada a todos os que me ajudaram no processo de escrita deste livro:
Meus pais, Marlene e João Silvani. Meus irmãos, Daiana e André Silvani.
Meu marido, Gary Martin, pelo apoio e ajuda na revisão.
Drica Lobo, pelo design desta capa maravilhosa, amizade, mentoria criativa e empreendedorismo artístico.
Ana Bueno, pela revisão dos textos em Português, por compartilhar e ler os meus poemas para amigos e alunos.
Laura Linn, por ter enchido essa jornada de coragem, amizade, arte e vídeos-poesias. Eliane Huning Corona, Allan Lima, Luciane Pivetta, Deborah de Andrade, Julia Corti, Ana Barreiros, Bruno Alves dos Santos, Helena Geraci, Sam Chegini, Caio Costa, Bianka Pavão, Germano Kuerten, Deborah Liss, Ed Gallo, Juliana P. Werlang, Glauciara Godois, e Jeff Lima. Vocês me fizeram sentir criativa e disseram que as minhas palavras eram bonitas. Vocês também são criativos e bonitos. Vocês alimentaram a minha alma com beleza, esperança e muito amor. Vocês disseram sim para as minhas ideias loucas e gravaram vídeos lendo os meus poemas. Oh, gente! Vocês deram voz a palavras silenciadas há anos.
A todos os imigrantes que já se sentiram diferentes, que silenciaram suas palavras por medo de serem zombados. Eu escuto vocês. Falem!
A todas as mulheres, sedentas por mudança ou machucadas e sozinhas, vocês vão conseguir vencer. Levantem-se. Vamos lá!
A todos aqueles que inspiraram esses poemas e não conseguirão lê-los. Obrigada por estar no lugar certo bem quando eu precisava machucar o meu coração para deixar um poema nascer.
Querido leitor e leitora, se ainda não nos conhecemos, deixo aqui um espaço em branco para que, quando nos encontrarmos, eu possa escrever o seu nome aqui e dizer algo bonito sobre a sua alma. Este obrigada é para todos vocês, adoráveis amantes de livros e poesias. Muito obrigada, _____!

VIII

CONTENTS / ÍNDICE

INTRODUCTION	ll
INTRODUÇÃO	lll
VIDA	1
LIFE	39
AMOR	67
LOVE	105
MORAL	133
REAL	151
ABOUT THE AUTHOR	169

*

I buy love on the cheap
I open scars wherever I go
I leave marks on a piece of paper while something
pierces me like the arrow of a lazy-eyed cupid
My short cuts always take longer…

Ana Silvani

.INTRODUCTION.

     This is a collection of poems born from 2010 to 2020, a decade of an immigrant that now is inside of these pages. The archive of *Half Love, Meta(de) Amor* was compressed into six chapters to fit in the mouths of those who dare to speak its verses or swallow them in lukewarm water like a bitter-sweet pill.

     Each chapter alternates between poems written in Portuguese translated to English, and poems that were written in English and translated to Portuguese. They take readers through a journey where the author survives a "voluntary exile" leaving the doors of new possibilities open. And hope is always good news, right?

     I hope they help close some of the deep holes of our human condition, you know, those holes that sink our souls inside of dark rooms. Once closed, I wish they become fertile soil.

     May each curve drawn here turn into a prescription for the heart and the mind of those who have started a new life from scratch and try to create a better future for whoever crosses their paths on their way toward the same final destination. Just like living, dying is a must, but both have to come naturally.

     May I stop at least one heart from breaking. May I help unbreak one that is already hurt by showing them that life can be better. I hope my words can be your medicine. Because if you heal, I, too, heal myself.

.INTRODUÇÃO.

Esta é uma coleção de poemas nascidos entre 2010 e 2020, uma década na vida de uma imigrante guardada dentro destas páginas. O arquivo de *Half Love, Meta(de) Amor* foi comprimido dentro de seis capítulos para caber na boca de quem ousar recitá-los em voz alta ou engoli-los com água morna para que a cápsula se dissolva mais rápido.

Cada capítulo trafega entre poemas escritos em português, traduzidos para o inglês, e poemas escritos em inglês que foram traduzidos para o português. Eles levam o leitor a uma viagem em que a escritora sobrevive a um "exílio voluntário" ao deixar as portas para as novas possibilidades abertas. E esperança é sempre uma noticia boa, certo?

Espero que eles possam ajudar a fechar alguns dos buracos das nossas dores humanas, você sabe, aqueles buracos que afundam nossas almas em quartos escuros. Uma vez fechados, desejo que eles se transformem em terra fértil.

Desejo que cada curva aqui traçada sirva de prescrição para o coração e a mente de quem começou uma vida nova do zero e tenta criar um futuro melhor para os que cruzam o caminho que leva todos ao mesmo destino. Assim como viver, morrer é preciso, mas ambos devem acontecer naturalmente.

Que eu possa ajudar ao menos um coração a não quebrar. Que eu cole um coração já machucado ao mostrar que a vida pode sempre ser melhor. Espero que as minhas palavras possam ser o seu remédio. Porque se você se cura, eu me curo também.

*

Compro amores a preço de banana
Abro cicatrizes por onde passo
Deixo marcas no papel enquanto algo
entra em mim como flecha de cupido vesgo
Os meus atalhos sempre demoram mais...

Ana Silvani

.I.

VIDA

~~REBENTO~~

Só queria explodir uma vez na vida.
Pelo menos um dia,
uma hora,
um segundo,
para ver se essa dor se esvazia do meu peito
e me deixa em paz.
Para sempre!

Eu só queria que fosse especial.
Na verdade, isso é tudo que sempre busquei
nas ruas,
nos bares,
na minha janela,
na cama (vazia).

Os outros nunca entendem como eu desabo assim,
de uma hora para a outra,
do dia para a noite.
Depois volto por cima feito Fênix
coberta de potência.
Recomeço do começo do meu fim
como se nada tivesse acontecido.
Darling, tanto autocontrole não causa explosões.
Um dia, eu arrebento.

.SPUR~~TING~~.

All I ever wanted was to burst open
at least once in my life.
For a day,
an hour,
a second,
to see if this pain leaves my chest
leaving me alone.
Forever!

All I wanted was for it to be special.
In truth, that is all I have ever wanted
on the streets,
at the bars,
at my window,
in my (empty) bed.

The others never quite understand how I spurt like this,
suddenly,
overnight.
And then I come back on top like Phoenix
overflood with power.
I begin from the very beginning of my end
as if nothing had ever happened.
Darling, so much self-control can't cause explosions.
One day, I burst open.

.PÁGINA EM ~~BRANCO~~.

Eu queria ser poeta, mas a vida era muito boa,
eu não tinha do que reclamar.
Eu queria ser poeta, mas os meus limites eram estreitos,
eu não sabia como arriscar.
Eu queria ser poeta, mas os olhos não conheciam
o mundo além da janela,
eu não sabia como me inspirar.
Eu queria ser poeta, mas só as pernas não conseguiam
me levar de lá,
era hora de deixá-las repousar.
Decidi voar.
Comprei asas, coragem e um pouco de óleo de peroba.
As asas cresceram.
A coragem aumentou.
E o óleo de peroba, hoje, sou eu quem vendo.

Aprendi a ser quem sou: *poeta*

Se o pêndulo muda a direção e cai do lado errado,
finjo que gosto.
Agora que sou poeta, escuridão e inspiração.
Falo sobre o sol, que tem inveja da lua, a musa dos amantes.
O que absorvo, eu, ser absorvente, sangrada doze vezes ao ano,
não há nuvem capaz de pesar, nem a *cloud*.

Coisa estranha é essa que corta em pedaços e fazer crescer.
Uns dão a isso o nome de vida,
eu chamo de página em branco.
Serei poeta?

~~BLANK~~ PAGE.

I wanted to be a poet, but life was too good,
I had nothing to complain about.
I wanted to be a poet, but my limits were narrow,
I didn't know how to take risks.
I wanted to be a poet, but my eyes didn't know
the world outside my window,
I didn't know how to get inspired.
I wanted to be a poet, but my legs couldn't
take me from there,
It was time to let them rest.
I bought wings, courage, and wood oil.
Wings grew.
Courage got bigger.
Wood oil is currently sold by me.

I've learned to be who I truly am: a poet.

If the pendulum changes its side and falls to the wrong one,
I pretend I like it.
Now that I'm a poet, darkness and inspiration.
I talk about the sun that envies the moon, the lover's muse.
Whatever I absorb, myself, an absorbent been
who bleeds twelve times a year,
there's no cloud able to weigh it, not even the icloud.

It's a weird thing to be cut into pieces to grow.
Some may call it life,
I call it a blank page.
Would I be a poet?

O MITO DA COLA.

Somos iguais.
Mas insistimos em ser peça de outros quebra-cabeças.
Quebramos a cabeça, o coração.
A cara fica lavada.
Temos o calcanhar envenenado igual a Aquiles.
Somos metamorfose do nada,
questionamos até o ar que se exprime
por nossos pulmões apertados
e tenta nos salvar da falta que ele faz.
Mal deixamos um espaço livre.
Esse mesmo ar que dá vida, eu sei, mata.
Mas parece que até a morte entendeu que não há cola
capaz de unir a humanidade outra vez.
Muito menos esses nossos pedaços fraturados de esperança.
Esses restos de noites mal dormidas.
Esses fragmentos de amores velhos
que já deveriam ter sido retirados das prateleiras.
Tudo perde a validade.
Enquanto isso, tem muita gente por aí se achando.
E como eu, outros continuam a procurar,
mesmo sem saber o quê.

.GLUE'S ~~MYTH~~.

We are all the same.
Still, we believe we are pieces of another puzzle game.
We puzzle our heads, our hearts.
The face remains clean.
Our ankles are poisoned just like Achilles'.
We are metamorphoses of nothing.
We even question the air that squeezes itself inside
of our tight lungs
trying to save us from longing for it.
There's no room.
This very same air that gives us life, I know,
might kill us.
It seems like even death understood
there's no glue able to connect humanity once again.
Not even our fractured pieces of hope.
These leftovers of sleepless nights.
These fragments of old love
that should have already been taken away from the shelves.
Everything expires eventually.
Meanwhile, some people are thinking they are the shit.
Like me, some keep on looking,
even if they don't know what exactly they're looking for.

~~INTERNET~~

Cruzamos encruzilhadas
cruzadas por cruzamentos de mão única.
Porque achamos que
todos os caminhos têm volta.
Porque achamos que
todas as escolhas podem ser órfãs.
Porque achamos que
toda a dor para de doer por amor.

Cruzamos os oceanos da vida
e sonhamos com pontes antigas de madeira maciça.
Apesar de termos que atravessar o rio a nado.
Apesar de termos que sorrir
para o outro não nos ver chorar.
Apesar de termos que ver
nossa existência surfar as ondas da internet,
ao invés de olhar pela janela da varanda.

Cruzamos as mãos
e os dedos se esticam para fugir dali.
Não tocam mais o violão, nem o meu piano antigo,
tampouco fazem amor com o lápis e o papel.
Porque os braços já não sabem para o que servem.
Porque os abraços já estão à venda no mercado da esquina.
Meus dedos cansaram de ser apontados para direção nenhuma.
Recebi até um anel de diamantes para fazê-los calar a boca.
Coitados, os dedos têm que se contentar com os teclados de maçãs
– *Apple*

.INTERNET.

We cross crossroads
crossed by one-way crossings.
Because we believe that
every path taken can take us back.
Because we believe that
all of our choices could be orphans.
Because we believe that
every pain stops hurting once love arrives.

We cross life's ocean
and dream about old bridges made out of solid wood.
Even though we have to swim to cross that river.
Even though we have to smile
so, someone else doesn't have to see us crying.
Even though we have to see
our existence surfing the internet waves
instead of looking to the world from a windowsill.

We cross our hands together
and our fingers stretch big trying to get away from there.
They don't play the guitar any longer, nor my old piano,
not even make love with paper and pencil.
Because the arms don't know what they are made for.
Because the hugs are already been sold at the next-door market.
My fingers got tired of being pointed to nowhere.
I even got a diamond ring just so they would shut up.
Poor things, the fingers learned to be satisfied with the keyboards –
Apple.

~~O CIRCO.~~

Eu não fui ao casamento.
Debrucei o queixo no braço e o braço na janela e vi eles passarem.
Vi o palhaço número 1 com a cara risonha.
Suas rugas se esticavam em linhas tortas
contornando bochechas virgens e rabiscadas pelo tempo.
Coitado do padre, ele não sabia que 1+1 era igual a 3.
Em seguida, entrou a procissão de ovelhas adornadas,
anestesiadas, não sabiam direito para onde ir.
Mesmo assim, seguiam umas às outras
e se espalhavam por um labirinto com paredes de vidro.
Sentaram. Compararam as fantasias.
Comentaram sobre nada por meia hora.
De repente, calaram a boca.
Entrou o palhaço número 2: o cara que pagou a conta da festa.
Entraram os bobos da corte acompanhados pelas pombas roxas.
Padrinhos alugados saem caros.
Na alucinação coletiva, pensavam que estavam na praia em pleno verão de setembro.
Eu sim, estava na praia.
Chega a princesa vestida de branco.
Hoje ela vai receber a coroa de rainha
e depois vai mandar todo mundo tomar no cú.
Eu fui a primeira.
Tenho mania de alimentar cobras.
Esqueço que elas picam no final.

.CIRCUS.

I didn't go to the wedding.
I placed my chin on my arm, and my arm on the window
and I saw them pass by.
I saw the first clown all smiles.
His wrinkles stretched open in uneven lines,
skirting his virgin cheeks, scribbled by time.
I feel sorry for him, he didn't know 1+1 equals 3.
Next, the pretty sheep parade entered,
numb, they were disoriented.
Even so, they followed one another
and spread themselves inside of a glass maze.
They sit down. Compared their costumes.
Talk about nothing for thirty minutes.
Suddenly, they shut up.
The second clown entered: he paid the bill
The jokers and the purple bitches entered.
Rented groomsmen and bridesmaids are expensive.
It's a collective hallucination and thought they were
at the beach in September.
I was at the beach.
Enter the princess wearing a white dress.
Today she'll receive her crown
and late will tell everyone to fuck themselves.
I was the first one.
I have this pattern of feeding snakes,
I always forget they bite me in the end.

.~~FLUI~~DEZ.

Assim como manteiga,
derreto para me transformar em algo novo e maciço.
Deve ser para isso que manteigas derretidas servem:
para firmar o que estava mole,
para dar liga no que estava solto.
Assim levo os meus dias: endureço corações líquidos.

Levei meia vida para entender quem sou de verdade.
É difícil se achar no meio de tantas metades.
É complicado fazer o certo no meio de tantas mentiras erradas.
Até aprendi a mentir. Pago um preço alto por isso.

Meu sonho?
Ser manteiga derretida no seu pão
e nunca mais ter que endurecer para me sentir viva de novo.
Não quero mais morrer de amor por amores
que me fritam numa frigideira velha e suja.
Que nojo!

Eu sou inteira
Eu sou solteira
Eu não jogo para ganhar
Amor se dá

.FLOW.

Just like butter,
I melt to turn into something new.
This must be what butter is for:
to firm what was soft,
to secure what was loose.
This is how I live my days: hardening liquid hearts.

It took me half a life to understand who I truly am.
It's hard to find yourself within so many halves.
It's hard to do the right thing living among the wrong lies.
I've even learned how to lie and the price I pay is too high.

My dream?
To be melted butter on your slice of bread
and never again have to become solid to feel alive.
I don't want to die for the love of lovers
who fry me in a dirty pan.
It's disgusting!

I'm whole
I'm single
I don't play to win
Love is a given

SAÍDA.

Eu tento conquistar o mundo.
Os anos passam e os passos dados não sabem
se vão para trás ou para frente.
Perder-se na multidão é fácil,
Perder-se sozinha num quarto iluminado
é que me deixa sem palavras.

Hoje eu prefiro o silêncio,
O mundo que conquistei me transformou num paradoxo.
Meu pretexto agora se chama labirinto e
não há sequer uma saída.
Se é que realmente quero sair.
Se é que algum dia entrei em algum lugar.

Tanta liberdade, vontade, tantos livros
e oportunidades.
Para quê? Para ficar trancada no quarto aos domingos,
ver filmes e escrever devaneios?
Para quem? Para você?
Mas você não lê (as entrelinhas).

Agora vá, deixa-me viver.
Deixa-me ser aquilo que ainda cultivo
no jardim dos outros com sementes emprestadas.
Talvez um dia você deixe de ser um fantasma
e eu pare de ter medo do escuro.
Agora vá, porque eu vou também.
Não me siga.
Desta vez, preciso ir só.

.~~EXIT~~.

I try to conquer the world.
Years pass by, and I pass by them not knowing
if I'm going back or forwards.
Losing yourself in the middle of a crowd is easy.
Losing yourself inside of a well-lit room
is what leaves me speechless.

Today I prefer silence.
The world I conquered had made me a paradox.
My excuse is now called labyrinth
and there's no exit.
That if only I truly want to exit.
That if only I have ever entered somewhere.

So much freedom, wanting, so many books
and opportunities.
Why? To be locked inside of a room on Sundays,
to see movies and to write nonsense?
To whom? To you?
But you don't read between the lines.

Now, go, let me be alive.
Let me be that of which I still cultivate
in other people's garden with borrowed seeds.
Maybe one day, you'll quit being a ghost
and I quit being afraid of the dark.
Now, go, because I, too, am leaving.
Do not follow me.
This time, I need to go alone.

~~TCHAU.~~

Os mesmos dedos que escrevem,
que acordam a música sonolenta
que mora no instrumento,
que apontam o culpado,
que cutucam o inocente,
que lambem o bolo,
que apagam as velas,
que percorrem os contornos dos cantos da boca,
das curvas irregulares do corpo.
São os mesmos que sinalizam
goodbye.

.GOOD~~BYE~~.

The very same fingers that write,
that wake up the sleepy song
that lives inside of an instrument,
that point to the guilty guy,
that poke the innocent,
that lick the frosting of the cake,
that blow the candles,
that run through a mouth's bumpy corners,
that run through a body's uneven curves.
They are the same ones signaling
good-bye.

~~QUEDA~~

Gosto de tombos longos,
secos como dias de verão sem chuva.
Daqueles que olham fixo para o buraco no dedão
do pé do sapato
só para encherem o tênis de poeira.
Coleciono despenhadeiros.
Devo gostar do medo que a queda livre proporciona.
Devo me inspirar com as vezes que não dá certo.
Baby, há coisas impossíveis de remendar.

Gosto de oferecer asas à imaginação,
como em um ritual de oferendas pagãs.
Depois as quebro.
Bem de-va-gar.
Primeiro a da esquerda, depois a da direita.
Devo gostar de sentir o calafrio da descida.
Devo me inspirar ao ver o descontrole da madeira barata
que queima na lareira dessa casa que nem é minha.

Estou à procura de noites menos ordinárias.
Quero remover essas marcas d'água que
marcam minhas bochechas.
Nem elas conseguem ver que a única carga
que carrego no colo é a da consciência pesada.

.THE F~~ALL~~.

I enjoy long falls,
dry like summer days with no rain.
One of those that look at the hole in your shoes
next to your thumb
just so they can fill it with dirt.
I collect cliffs.
I must love being afraid of the freefall.
I must love getting inspired by mistakes.
Baby, some things cannot be patched.

I like to give wings to the imagination,
as if in a ritual of pagan offerings.
Slow-ly.
First, the left one, then the right one.
I must love the shiver of the fall.
I must love to get inspired by the lack of control
of the cheap wood.
It burns inside of the fireplace of this house
that is not mine either.

I've been looking for fewer ordinary nights to pour
the waterfalls that spurt over my eyes.
But not even they can see
that what I carry on my lap
is the burden of a heavy consciousness.

~~RABISCADO~~

Há dias em que até o vento que rabisca
os meus cabelos é motivo de riso.
Dias leves, assim como meu sono.
Espero que você lembre de afinar os instrumentos
responsáveis pela sinfonia da sua vida
sempre que um fio desafinar.
Bem naquele minuto
antes do suspiro exausto
que só pede para você desistir.
Keep going.

.S~~CRIB~~BLING.

There are days that even the wind scribbling
my hair is a reason to smile.
Graceful days.
I hope you remember to sharpen the instruments
in charge of the symphony of your life
every time a string loses its tuning.
At that very moment
right before the exhausted gasp
asks you to give up.
Please, keep going.

~~COMIGO.~~

Aqui está tudo bem.
Tudo indo,
melhorando,
se organizando.
Enquanto eu ando.
Eles indo.
Nós andando.
A vida é uma ida em espiral que sente saudade das voltas
de carro
de montanha-russa
de elevador
até das de bicicleta.
Ontem já estive cinza.
Hoje sou todas as cores vivas.
Olhe para cima.
Quero que você veja bolhas de sabão
carregadas de melancolia.
Elas flutuam em cima de nuvens grossas de poeira.
Todas viajam de graça nos meus céus.
Que medo de ser infeliz para sempre!
Quando puder, presta atenção.
E com você, tudo certo?

ME?

All is good.
All is going,
arranging,
improving.
Meanwhile, I'm walking.
They're strolling.
We're going.
Life is a road in spiral longing for the trips taken
by car,
by roller coaster,
by elevator,
even by bike.
Yesterday I was grey.
Today I'm all the bright colors.
Look up.
I want you to see bubbles loaded with melancholy.
They float above thick and dusty clouds.
They all travel for free over my skies.
It scares me to be unhappy forever!
When you get a chance, please pay attention.
And you, how's everything?

~~PRECOCE.~~

A sua lembrança nos olhos dela é da velocidade da luz.
Ela insiste em querer congelar os primeiros segundos,
mas eles vivem derretendo, até morrer.
Ela já não acredita mais em mágica
porque vive caindo na real.
As horas passam e você também passa por ela
só de passagem.
Se nem ela sabe, como eu vou saber se
isso é vida, ou se isso é morte?
E se for os dois?

.PREMATURE.

The recollection of you in her eyes
comes with the speed of the light.
She insists on wanting to freeze
those very first seconds,
but they keep on melting away until they're gone.
She no longer believes in magic
because she understood her mean realities.
Time passes and you, too, pass by her
as a passenger.
If she doesn't even know it, how could I
if this is life, or if this is death?
What if it's both?

~~LETRAS~~

Coisa estrangeira é essa chamada *poesia*.
Ela é chama.
Ela me chama,
me corta em pedaços.
Ela fatia,
divide baixinho, anda cabisbaixa.
Sussurra,
depois acumula,
e cresce em voz alta.
Uns dão a isso o nome de *coisas da vida*,
eu chamo de página em branco.
Confesso:
é assustador olhar para uma folha que deseja
estar cheia de linhas, vogais e consoantes.
Tudo precisa ter sentido.
Tudo precisa ser sentido.
Espero que essa vontade de preencher fomes passe logo.

.WORDS.

What a strange thing is this thing called poetry.
It's a calling.
It calls me.
It cuts me into pieces.
It slices,
divides as a low tide, crestfallen.
It whispers,
and then it gathers,
and it grows louder.
Some may call it *life happening*,
I call it a blank page.
I have a confession to make:
It's scary to look at a blank page desiring
to be so full of lines, vowels, and consonants.
All has to have meaning.
All has to be meaningful.
I hope this hunger of mine goes away soon.

.ON~~DAS~~.

O tumulto me desregulariza.
Gosto de acordar perto do mar,
escrever e tomar um café forte ao som de Bossa Nova.
Gosto de ouvir os leves toques sonoros de dor,
das ondas do mar morrendo na praia.

E as ondas, elas realmente morrem
ao se jogar de cabeça na areia?
Seria uma espécie de suicídio lento da terra
jogar-se de cabeça na praia só pelo prazer de se desintegrar?

E nós humanos, o que somos, o que queremos?
Parece que desejamos nos conectar a tudo
e a todos a vida inteira,
mas nos sentimos pela metade.
E num dia qualquer, nos desintegramos da matéria.
Voltamos para a terra e outra vez morremos na areia.
Eu sei que é uma tentação, ela é macia contra a pele.

Acho que vale a pena viver tudo o que vivemos,
amar tudo o que amamos, chorar tudo o que choramos.
É isso: lágrimas são pedacinhos de mar
querendo voltar para casa.
Tudo culpa do (a)mar.

WAVES.

Turmoil disorganizes me.
I like waking up near the sea,
writing, and drinking coffee in the lull of *Bossa Nova*.
I like listening to the gentle touch of pain in sound,
of ocean waves dying at the beach.

What about the waves?
Do they really die jumping head first on the sand?
Would that be some kind of slow suicide of the earth,
throwing itself headfirst at the beach just to feel
the pleasure of disintegration?
What about us humans?
What are we?
What do we want?
It seems like we wish to be connected to everything
and everyone all the time,
but we keep feeling like a half.
One random day, we simply disconnect
from the material world.
Then we do it again, come back to earth,
and die at the beach once more.
I know it's a temptation, the sand is soft against our skin.

I think it's worth it to live all that we live,
to love all that we love, to cry all that we cry.
This is it: tears are pieces of the ocean wanting
to go back home.
I see it now, the sea is the one to blame.

~~MORREU~~.

Já faz cinco anos que você morreu.
Percebo que agora meu coração se conformou,
a dor mudou, a ferida cicatrizou.
Resta apenas essa cicatriz no peito,
bem no meio de mim,
dividindo-me entre aqui e lá,
entre a dor e a felicidade.
Sua lembrança ainda deixa passos por onde passa.
Que saudade!
Hoje entrei oficialmente na *fase cicatriz*.
Uso o mesmo caderno rabiscado,
mas acho que agora já posso virar a página.

.DEAD.

You died five years ago.
Now I realize my heart found some peace,
my pain has changed, my wound has become a scar.
This mark on my chest, right in the middle of who I am,
is all I have left,
splitting me between here and there,
pain and happiness.
Your recollections keep leaving footprints wherever they go.
I miss you!
Today, I officially entered the scar phase.
I use the same scribbled notebook,
but I believe now I can turn the page.

~~VOLTAR.~~

Você para as pernas. Respira. Bloqueia o próximo passo.
Estar perdida no precipício de dois mundos
alucina qualquer normalidade.
Mas um dia você é interrogada pela vida
e isso se torna um caso de vida ou morte.
Vai ficar?
Com quem?
Por quê?
Tomar decisões é o mesmo que pular de paraquedas:
as chances de dar certo são cinquenta por cento.
Talvez seja melhor viver uma vida inteira em preto e branco
do que viver a vida inteira cheia de metades pastéis.
Estou de saco cheio de lamber o chão dos outros
e fingir ser uma idiota.
Pessoas sem opinião não contam.
Acumulo tarefas e sonhos alheios.
Queria ser realizadora dos meus e não tenho tempo
para gente aborrecida que borra a vida da gente.
Chegou a minha hora de viver um grande amor,
plantar mais uma árvore, e escrever um livro.
Cansei de ajudar os outros a escreverem o livro deles
enquanto cuido dos filhos que nunca quis ter, e nunca tive.
Os filhos dos outros são sempre emprestados.
Agora, resgato a pedra que ficou escondida
no meu sapato por oito anos.
Ela brilha de alegria.
Ela pensa que é diamante.

~~GOING BACK~~

You pause your legs. Breath. Block the next step.
To be lost in the abyss of two worlds
might hallucinate any normality.
But one day, life questions you,
and that becomes a life-and-death situation.
Will you stay? With who? Why?
Deciding on something is like skydiving,
your chances are fifty-fifty.
Maybe it'd be better to live a whole life in black and white
instead of an entire life full of pastel-colored halves.
I'm tired of licking other people's floors
pretending to be an idiot.
People with no attitude don't matter.
I pile up other people's tasks and dreams.
I wish I, too, could make mine come true.
I can't deal with boring people anymore.
It's my turn to live a love story,
plant a tree, and write a book.
I'm tired of helping others write their own books
while I take care of kids which I never wanted to have,
and never did.
Other people kids are always borrowed,
Now, I take back the stone that was hiding
in my shoe for eight years.
It shines. It's happy.
It thinks it's a diamond.

.~~VAL~~IDADE.

Já me acostumei com esse meu jeito todo desajeitado.
Com esse buraco ainda aberto por falta de terra...
ou de visita.
Velas queimadas pela metade iluminam o meu coração,
nem elas terminam por inteiro dentro de mim.
Deve ser tudo culpa do fogo.
Sim, aquele do zodíaco, como diria a Juli.
E sim, aquele que queima o dedo que teima
em acender a vela.
Em 2020, entendi que certos amigos
já não estão mais comigo.
Talvez seja a hora de deixá-los ir embora.
Tem amizade que já passou da validade.

.EXPIRATION.

I've already gotten used to my clumsy ways.
to this hole still open for lack of soil
or visitors.
Half burned candles shine a light in my heart,
not even they finish anything to the end.
Fire must be the one to blame.
Yep, that one from the zodiac,
as my friend Juli says.
And yes, that one that burns the finger
that tries to light the candle.
In 2020, I understood some friends
are not with me anymore.
Maybe it's time to let them go.
There are friendships that have already expired.

~~TROPEÇAR~~.

Quando a noite tropeça nas curvas
de um eclipse lunar,
talvez a lua não saiba, mas a culpa é dela.
Desastrada, olha para o sol por quatorze horas
até cegar com tanta luz
e cair sobre o mar.
Às vezes nas ruas,
muitas vezes pela janela,
vejo o tombo da noite tapar como peneira o brilho do sol.
Poderosa, a escuridão fica ali parada por horas
só para ter certeza que meus olhos vão fechar.
Isso deve ser um plano dos sonhos.
Eles me enganam todas as noites ao dizer
que tudo isso vai passar.

.TU~~MBLING~~.

When the night topples down on
a curve from a lunar eclipse,
maybe the Moon doesn't know it,
but it's all her fault.
Clumsy, it looks at the sun for fourteen hours
until blinding itself with so much light,
falling over the ocean.
Sometimes on the streets,
many times, from my window,
I see nightfall topple over
covering the sunshine like a sieve.
Powerful, the darkness stays there for hours, still,
just so it can be sure my eyes will shut down.
That must be a plan made by dreams.
They lie to me every night saying
all of this will be over.

.II.

LIFE

.CLOCKS.

No more excuses for life without dreams!

It's easy to say it when a peaceful night of sleep waits by your bedside.
Nobody ever told me grown-ups stopped having dreams.
They lost control of their clocks.

The tick-tocks of my cheap watch mark the rhythm of the days.
They're locked in a bird's cage, you see.
The door opens every other hour to let the poor *animals* gasp some air.
Sometimes it's fresh.
It doesn't even matter if it's not.

What worries me is the urge to have more of what's running out.
Being unsatisfied makes the clocks happy, you see.
The more I give,
the more they take away from me.
By the end of the day, nineteen hours have passed.
I have five hours left to pretend to be asleep.

Who has time to dream about butterflies in a world of caged birds?

RELÓGIOS.

Não quero mais desculpas para uma vida sem sonhos!

Fica fácil falar quando uma noite de sono perfeita
espera por você na cabeceira da cama.
Ninguém me contou que adultos paravam de sonhar.
Eles perderam o controle dos seus relógios.

Os tic-tacs do meu relógio barato marcam o ritmo dos dias.
Veja bem, eles estão presos numa gaiola de pássaros.
A porta abre ora sim, ora não para deixar os pobres animais
respirarem.
Às vezes, o ar é fresco.
Outras vezes isso nem importa.

O que me preocupa é a urgência de se ter mais
do que está acabando.
Veja bem, estar insatisfeito faz os relógios felizes.
Quanto mais eu dou,
mais é tirado de mim.
No final do dia, dezenove horas já se passaram.
Tenho apenas cinco para fingir que durmo.

Quem tem tempo de sonhar com as borboletas
num mundo de pássaros engaiolados?

PARACHUTE.

The day I stepped my right foot out of that airplane
my wings stretched themselves
like a circle around the clouds.
Arms wide open.
Freedom to be or to die.
I became the bird of my own thoughts.
Yes, me - raised to be a servant.

I understood something had changed in my heart.
Dissipated, my head kept itself in silence for months.
Nothing is a scary place to be.

How can one measure the right time?
How can one decide to jump with a hand-folded parachute?
What does it mean to trust another human being?
The day I put my life in the arms of a stranger
I learned how dangerous it was to grab my dreams
by the hand
to dive into the unknown.

Today, freedom and dreams walk side by side
on a happily-ever-after-mood.
Heart and head have learned how to share
that space in between.
They know fairy tales do not exist,
all stories have an end,
all stories have to begin.
And that's ok.

PARAQUEDAS.

O dia em que coloquei meu pé direito para fora daquele avião,
minhas asas se esticaram
como círculos ao redor das nuvens.
Braços abertos.
Liberdade para ser ou para morrer.
Tornei-me pássaro dos meus próprios pensamentos.
Sim, eu – criada para servir.

Entendi que algo havia mudado no meu coração.
Dissipada, minha cabeça ficou em silêncio por meses.
O nada é um lugar assustador de se estar.

Como podemos medir o momento certo?
Como podemos pular de paraquedas dobrados por mãos humanas?
O que significa confiar em outra pessoa?
O dia em que coloquei a minha vida nas mãos de um estranho,
aprendi o quão perigoso é agarrar meus sonhos
pela mão e
mergulhar no desconhecido.

Hoje liberdade e sonhos caminham lado a lado
num humor estilo felizes para sempre.
Coração e razão aprenderam a dividir
aquele espaço das entrelinhas.
Eles sabem que contos de fadas não existem,
que histórias tem um fim,
que histórias tem um começo.
E está tudo bem.

~~IT HURT YESTER~~DAY.

They say I should wear grandma's favorite color
at her funeral.
It seems bizarre.
Meanwhile, I wonder how I can heal
tomorrow's pain today,
People look at me weird.
I don't care. The noise inside of my head is louder.
I'm trying to put some missing pieces together.

How many times will I have to take a deep breath
and ask all Gods to purify my water?
It's time to start a cleansing.
Later I'm going to the market to buy some apples.
They say they're good for something I can't remember now.

I remember when I was a kid
and used to go to church every weekend.
The priest would tell us stories about a snake
that gave an apple to the first woman ever born.
I don't remember what happened to her in the end,
but I'm certain she was beautiful.
One thing I know for sure: I don't like snakes.
Not even the ones that hand apples to pretty ladies.
Another day, an old witch gave an apple to a princess
and she almost died.

My grandma takes a flu shot every year.
It's also red.

.DOE~~U ONTEM~~.

Dizem que eu deveria vestir a cor favorita da minha avó
no funeral dela.
Parece bizarro.
Enquanto isso, penso em como posso curar
as dores do amanhã ainda hoje.
As pessoas me olham esquisito.
Não me importo.
O barulho dentro da minha cabeça é mais alto.
Tento colocar alguns pedaços soltos no lugar.

Quantas vezes terei que respirar fundo
e pedir aos deuses para purificar a minha água?
É hora de iniciar uma desintoxicação.
Mais tarde, irei ao mercado comprar maçãs.
Dizem que elas são boas para alguma coisa que
não lembro mais o que.

Lembro que quando eu era criança,
costumava ir à igreja todos os fins de semana.
O padre contava histórias sobre uma cobra
que deu uma maçã para a primeira mulher criada.
Não lembro o que aconteceu com ela no final,
mas tenho certeza que ela era bonita.
Uma coisa é certa: não gosto de cobras.
Nem mesmo aquelas que dão maçãs às mulheres bonitas.
Outro vez, uma velha bruxa deu uma maçã para
uma princesa e ela quase morreu.

Minha avó toma a vacina da gripe todos os anos.
Ela também é vermelha.

~~LONGING~~

That feeling again.
It's as exotic as Venice Beach,
but your eyes can't see it.
It's as soft as a soggy heart,
but your hands can't feel it.
Every morning, it cracks down into pieces,
but you can't hear it.
It's too sweet,
but you can't taste the sugar overflowing tired lips.
It could be an overdose, still, you wouldn't get enough.

That chill again.
The cold is everywhere.
Snowflakes topple upon my shoulders and go nowhere
- *such human behavior.*
It's not cozy here, I left my blankets home.
I don't know who's coming to save me.
Should I just go?
Would it be ok if I rescue myself in the end?
If you say I'm weak
- *fuck you!*

That high again.
Maybe I'll just stay at the top of the tower
until I, too, become an ice cube.
I'll roll downhill toward the ocean, take a thirsty boat
and become an iceberg in Alaska.
Disappear (just like you did).

.IC~~EBERG~~.

Aquele sentimento outra vez.
É tão exótico quanto a praia de Venice,
mas seus olhos não enxergam.
É tão fofo quanto um coração encharcado,
mas suas mãos não sentem o toque.
Todas as manhãs, ele se despedaça aos milhares,
mas você não escuta.
É muito doce,
mas não se pode sentir o açúcar em lábios cansados.
Poderia ser uma overdose, mas você não se satisfaria.

Aquele arrepio outra vez.
O frio está em todo o lugar.
Flocos de neve rolam pelos meus ombros e vão a lugar nenhum.
- Um comportamento tão humano
Não é confortável aqui, deixei meus cobertores em casa.
Não sei quem virá para me salvar.
Devo apenas ir?
Seria certo se eu me salvasse no final?
Se você acha que sou fraca
- Foda-se!

Aquele êxtase outra vez.
Talvez eu deva ficar no topo da torre
até que eu me transforme numa pedra de gelo.
Vou rolar ladeira abaixo até o mar, pegar um barco sedento
e me transformar em iceberg no Alaska.
Desaparecer (assim como você fez).

~~LIFE.~~

It disturbs me when I think I shouldn't be happy here.
I'm a widow of life, alive living in the past.
I try
I cry
I fly
This is not the right time to write poetry though.
The clock is ticking faster than usual and
I have to go to the gym.
My body needs sweat,
the wet
the tap
the flat of your shallow curves against my dead sounds.
We are anything but together.
We want everything but the same.
We ask for nothing but have a thousand questions
- *one hundred more to go.*
Superficial boredom of unhappy people
from the first-world.

.V̶IDA.

Perturba-me pensar que eu não deveria ser feliz aqui.
Sou uma viúva da vida, viva vivendo no passado.
Tento.
Choro.
Voo.
Este não é um bom momento para escrever poesia.
Os ponteiros do relógio giram muito rápido e
tenho que ir à academia.
Meu corpo precisa transpirar,
molhar,
tocar
as retas das suas curvas baixas contra meus sons mortos.
Estamos em qualquer lugar, menos juntos.
Queremos tudo, menos as mesmas coisas.
Pedimos por nada, mas temos milhares de perguntas
– Mais cem estão por vir.
Tédio superficial de infelicidades
de primeiro mundo.

~~tHere.~~

It happened again.
I am here, you are there.

Why do I feel I take the wrong ways?
Why do I know I will regret it today?
For a second, I could see the future,
but you weren't there.
Nobody was.
If I already know how it's all going to end,
why do I keep on going that way anyway?
The streets here say they're made of gold.
I walk in a desert full of lonely hearts drawn on the sand.
We are millions, yet we are nobody.

You wish I was there, but all I want is you here.
Where do we go now?
Here has lost its purpose a long time ago.
Don't you remember you should be waiting for me?
Don't you know I'm a liar who grew tired
of saying soggy truths?
There's no podium for real people in Lalaland.
I don't know who I am anymore.
I've said *three* months, but I fell in love with LA.
I've stayed for *six* years, but I'm home by myself.
I don't even want to look at the world out the door
on Sunday nights.

The music plays and cuts my throat
with pieces of broken mirror.
Six years of bad luck – *one* more to go.
Glad it only happens once a week,
every month, every year, ever since I've left you there.

.AQUI.

Aconteceu de novo.
Estou aqui, você continua lá.

Por que sinto que vou pelos caminhos errados?
Por que sei que vou me arrepender do hoje?
Por um segundo, pude ver o futuro,
mas você não estava lá.
Ninguém estava.
Se eu já sei como tudo isso vai acabar,
por que continuo indo para aquele lugar?
Dizem que as ruas daqui são feitas de ouro.
Caminho por um deserto cheio de corações desenhados na areia.
Somos milhões, e ao mesmo tempo, ninguém.
Você queria que eu estivesse aí,
mas tudo o que quero é você aqui.
Para onde a gente vai agora?
Aqui já se esgotou há muito tempo.
Você não lembra que deveria esperar por mim?
Você não sabe que minto e cansei de dizer verdades dormidas?
Não há pódio de chegada para pessoas de verdade em *Lalaland*.
Não sei nem mais quem sou.
Eu disse três meses, mas me apaixonei por LA.
Eu fiquei por seis anos, mas estou sozinha em casa.
Não quero nem ver o mundo lá fora aos domingos à noite.

A música que toca corta a minha garganta
com pedaços de espelho quebrado.
Seis anos de azar – ainda falta mais um.
Estou feliz que isso só acontece uma vez na semana,
todos os meses, todos os anos,
desde que eu deixei você lá.

~~WONDERING~~

Tell me how you feel
when the water that comes from your faucet is dry,
when the desert of your thoughts is wet.
Tell me what do you do
when the phone in your hands doesn't ring,
when the mouth you wash doesn't speak.
Tell me where you go
when the house is on fire and it can't stop raining,
when there's no place to hide your brain.
Tell me why you are gone
when all you can have is love,
when happiness is an exotic bird in a copper cage
screaming for more free-falls,
craving all that can be desired in life, and death.
Maybe love is not enough.
Maybe being happy is not so good.
Maybe you are too boring for me.
You will never know what free-fall means.

~~DIVAG~~ANDO.

Diga-me como você se sente
quando a água da sua torneira está seca,
quando o deserto dos seus pensamentos está molhado.
Diga-me o que você faz
quando o telefone nas suas mãos não toca,
quando a boca que você lava não fala.
Diga-me para aonde você vai
quando a casa está pegando fogo e não para de chover,
quando não há um lugar para esconder o seu cérebro.
Diga-me por que você foi embora
quando tudo que poderia ter era amor,
quando a felicidade era um pássaro exótico
numa gaiola de cobre
gritando por mais quedas-livres,
desejando tudo o que pode ser desejado na vida,
e na morte.
Talvez só o amor não seja o suficiente.
Talvez ser feliz não seja assim tão bom.
Talvez você seja muito chato para mim.
E nunca saberá o que a queda-livre realmente significa.

ALIVE.

My mom. A stroke.
It happened so fast.
No 30 days' notice.
I'm scared.

After six years of silence, dad calls me.
How many times I've wished to get that call from him,
but he was always too busy with his excuses.
Excuse me, if I'm being too tough on him tonight.
Let me pour another cup of tea before I start.
He talks as if everything is normal
on the other side of the globe.
I ask him again: *why did you call me?*

Your mom. A stroke.
It all happened so fast.
Hold me if I cry.
His words choke me and
I place my weak pieces on my altar of disillusions.
Five thousand miles never felt so far like they do now.
I wish I could see her, make sure she's alright.
Why does life come and change everything?
It takes a lifetime to realize how fragile our heroes are.
Without magic powers, I wonder who they are.
Don't you worry, dad, I'll keep you alive
until the day I, too, lose my superpowers.
Tell mom I said hi.

.VI~~VA~~.

Minha mãe. Um infarto.
Aconteceu tão rápido.
Sem 30 dias de aviso prévio.
Estou com medo.

Depois de seis anos de silêncio, meu pai liga.
Quantas vezes esperei aquela ligação dele,
mas ele estava sempre tão ocupado com suas desculpas.
Desculpe se estou sendo muito dura com ele hoje à noite.
Deixe-me encher mais uma xícara de chá antes de começar.
Ele fala como se tudo estivesse normal do outro lado do mundo.
Pergunto a ele outra vez: por que você ligou?

Sua mãe. Um infarto.
Aconteceu tão rápido.
Segure-me se eu chorar.
As palavras dele me degolam e
coloco os meus pedaços soltos no meu altar de desilusões.
Cinco mil milhas nunca pareceram tão longe como agora.
Queria ver ela, ter certeza de que está bem.
Por que a vida vem e muda tudo?
Demora muito para percebermos o quanto nossos heróis
são frágeis.
Sem seus poderes mágicos, pergunto-me quem eles são.
Não se preocupe, pai, manterei vocês vivos
até o dia em que eu também perca os meus superpoderes.
Diz oi para a mãe.

.PU~~DIM.~~

My dog's gone.
I still remember him running around the house
with a big smile on his face.
For seven months, he was waiting for my arrival
- it didn't matter what time.
But life happens.
I get home late and tired.
I want to spend the next hour doing nothing.
He doesn't let me rest.
He needs my attention.
He pees on my carpet.
He poops on my rug
– three new ones within seven months.
I work too much.
I found him a new family
- I had to.
The first picture they send me makes me happy.
He smiles in the arms of a little girl.
They're in love.
I know he's in good hands
I love him forever
My first, maybe my last.
My dog.

.PUDIN~~ZINHO~~.

Meu cachorro se foi.
Ainda lembro dele correndo pela casa **sorridente**.
Por sete meses, ele esperou pela minha chegada
– Não importava a hora
Mas a vida segue.
Chego em casa tarde e cansada.
Quero passar as próximas horas fazendo nada.
Ele não me deixa descansar.
Ele precisa da minha atenção.
Ele mija no meu carpete.
Ele faz coco no meu tapete
– Comprei três em sete meses.
Trabalho muito.
Encontrei uma família nova para ele
– Não havia saída.
A primeira foto que eles enviam me deixa feliz.
Ele sorri nos braços de uma menina.
Estão apaixonados.
Sei que ele está em boas mãos.
Amo-o para sempre.
Meu primeiro, talvez o último.
Meu cachorrinho.

FALL.

Either way, the fall is for certain.
Some fall downhill
toward a small and shallow pond.
Others fall to their knees
to get back to their senses.
How would my fall be if you were still here?
I must be crazy.
I must be lazy.
I rather fall asleep.

.~~CAIR~~.

De qualquer forma, a queda é certa.
Algumas pessoas caem ladeira abaixo
dentro de uma poça rasa.
Outros caem de joelhos para
cair na real.
Como seria a minha queda se você ainda estivesse aqui?
Devo estar louca.
Devo estar com preguiça.
Prefiro cair no sono.

.TEMPO~~RARY~~.

We find ourselves in sojourn at our own houses.
But this doesn't feel temporary anymore.
Now, all I can hear from the outside
is this echo of normality.
Dreams of a different future have died.
People of old ways are gone.
I might've misplaced hope on my last trip.
Today, I sit alone in my living room sipping coffee
and wonder about
how does one survive the trauma of nothing?
and think about
the side effects of so much numbness.

. ~~TEMP~~ORÁRIO.

Vivemos provisoriamente em nossas próprias casas.
Mas isso não parece mais temporário.
Tudo o que ouço do mundo lá fora agora
é esse eco de normalidade.
Sonhos de um futuro diferente já morreram.
Pessoas com outras maneiras de viver já se foram.
Sento sozinha na minha sala tomando café
e penso sobre
como alguém pode sobreviver ao trauma do nada?
e penso sobre
os efeitos colaterais de tantas coisas nos amortecendo.

~~BOREDOM~~.

My fate has already been sealed:
I'm stuck in an abyss of boredom
while my patience wears a thin layer of Summer fabric.
My heart throbs and shrinks with hope and despair
over these shadows cast by a shy sun shining all over town.
Dawn approaches my room like a soft blanket been thrown over
as the morning warms up the city of fallen *angeles*.
When I open my eyes,
the new day attaches to my body
like a fancy badge I receive to pin on my chest.
It wants to give me another chance.
But it won't be able to show everyone I, too, feel sorrow.
Will somebody please remove from my head this veil
of golden sunshine?
I also need you to see my darkness.

.TÉDIO.

Minha sina já foi selada.
Estou empacada num abismo de tédios
enquanto minha paciência veste uma camada fina
de tecido de verão.
Meu coração lateja e se encolhe com esperança e desespero
sobre sombras formadas por um sol tímido que brilha pela cidade.
O amanhecer se aproxima do meu quarto
como um cobertor jogado
quando a manhã esquenta a cidade dos anjos caídos – LA
Quando abro meus olhos,
o novo dia se agarra ao meu corpo
como um broche caro que recebo para colocar no peito.
Ele quer me dar outra chance.
Mas não mostrará para os outros que eu também sinto tristeza.
Por favor, alguém pode remover da minha cabeça esse véu
de raios de sol dourado?
Preciso que você veja a minha escuridão.

~~YEARS AGO~~

One day, forty years from now
when I'm 80,
I will look back at life
and think that I no longer have
the possibilities of the young soul.
But I will have memories of many realities
looking at me from the past.
I can see them now,
holding their many heads against their worn-out hands.
I can touch them now,
feeling no pain.
I can hear them say:
I have life, lived.
I have love, loved.
I have suffering, suffered.
I was never punished for being who I was not.
Every time they blamed me, I was trying to be myself.

.~~ANTERIOR~~MENTE.

Um dia, daqui a quarenta anos,
quando eu tiver oitenta,
vou olhar para trás
e pensar que não tenho mais
as possibilidades do corpo jovem.
Mas terei memórias de muitas realidades
me olhando lá do passado.
Vejo elas agora,
segurando suas cabeças em suas mãos cansadas.
Posso tocar elas agora,
e não sinto dor nenhuma.
Escuto elas falar:
Tenho vida, vivida.
Tenho amor, amado.
Tenho sofrimento, sofrido.
Nunca fui punida por ser quem eu não era.
Todas as vezes que me culparam, eu tentava ser eu mesma.

.III.

AMOR

.BOCA.

Quando você pintar a minha boca de inverno,
o espaço vazio entre meus dentes
e a sua língua vai ficar sozinho.
Duvido que você consiga.
Dois passos não passam de uma pessoa passando.
Nós poderíamos ser quatro
antes do fim do verão.

.MOUTH.

When you're here to paint my mouth with winter,
the empty space between my teeth
and your tongue will be lonely.
I dare you to do it.
Two footsteps are just a person passing by.
We could be four
before the summer was over.

. NÚMEROS IMPORTAM.

Os ponteiros se dissolvem no meu relógio de parede.
Onze e onze da noite.
Por sessenta segundos,
duas flechas apontam para o mesmo lugar,
mas sabem que logo vão girar em outras direções.
O que tudo isso importa se você foi embora justo agora?
A Coreia do Norte tenta pintar o mundo de vermelho.
Guerra mesmo é o que acontece nos meus olhos
à noite, no minuto antes de dormir.
Margaret Thatcher morre aos 87 anos.
Queria eu ser uma "Dama de Ferro"
para bloquear a sua entrada.
O problema é que te dei as chaves.

Sozinha de você. Sigo distraída.
 O mundo lá fora me mantém ocupada aqui dentro,
e tantos giros me deixam tonta no final do mês.
Às vezes, nem sangro.
Olho pela janela lateral deste quarto de aluguel,
e as luzes da cidade dos anjos me olham com desdém.
Não descobri o enigma da Esfinge
para ganhar a estrela na calçada.
Minha paz se sente atraída pelas suas discórdias.
Minha consciência verde espeta os meus lábios mudos.
Teu gosto é de inferno.
Até agora, vivi dez anos a menos que você.
Mas nada disso importa se não pararmos de
nos machucarmos.
Vou dormir.
Meia noite chega e eu também entro nela pela metade.

.NUMBERS MATTER.

The hands melt
inside of my clock hanging on the wall.
Eleven-eleven at night.
For sixty seconds,
two hands point to the same hour,
but they know, soon, they'll spin in different directions.
What does it matter if you're gone now?
North Korea tries to paint the world red.
But war is what happens in my eyes
at night, right before I fall asleep.
Margaret Thatcher dies at 87.
I wish I were an iron lady to block your entrance.
The problem is I gave you the keys.

Alone. I keep on going, not paying attention.
The outside world keeps me busy inside,
and so many turns make me dizzy when the month is over.
Sometimes, I don't even bleed.
I look at the side window of this rented room,
the lights coming from the City of Angels
look at me with greed.
I've never guessed the Sphinx riddle to win
the star at the walk of fame.
My peace feels attacked by your wars.
My green consciousness stings my quiet lips.
You taste like hell.
Until now, I've lived ten years less than you.
But none of this matter if we cannot stop
hurting each other.
I'm turning in.
Midnight is here and I, too, enter it in half.

~~TEORIAS.~~

Falar de amor é fácil.
Todo mundo fala, até eu.
Dizem que viver de amor alimenta a alma.
Está todo mundo gordo, menos eu.
Saber amar é uma arte.
Parece que todo mundo aprendeu na escola.
E eu? Escrevo poesia.
Quem sabe um dia tantas palavras bonitas
me ensinem uma nova teoria.

Os anos secam as veias do meu cérebro e agora ele parece
Uma uva-passa.
O tempo passa.
A hora passa.
O dia passa.
O amor passa.

No inverno, passo muito tempo na cama
e escrevo sobre distopias de gostar.
Talvez eu tenha sido dura comigo mesma na hora errada
e fiz de conta que não vi o trem passar.
Mas ele também passou.
Ele passa todos os dias, mesma hora.
Eu insisto em fingir que nada disso é verdade.
Viver de mentiras é passar aspirina no coração
e achar que ele vai parar de te dar dor de cabeça.

.THEORIES.

Talking about love is easy.
Everybody does.
They say love feeds your soul.
Everyone is overweight, but me.
Knowing how to love is Art.
It seems like everyone has learned that at school.
What about me? I write poetry.
Maybe one day, so many beautiful words
teach me something new.

The years have dried the veins of my brain
and now it looks like a raisin.
An instant's gone.
Time's gone.
A day's gone.
Love's gone.

When it's winter, I spend way too much time in bed
writing about dystopias of loving.
Maybe I've been too tough on myself at the wrong time
and believed I hadn't seen the train passing by.
But it's also gone.
It's gone every day, gone at the same time.
And I insist on pretending none of this is true.
Living a lie is like spreading aspirin on your heart
thinking it'll stop giving you a headache.

ADEUS

Ficaram resquícios da tua vida no meu ar.
Eles pintam e bordam estrelas temporárias
para eu te adorar.
Assim como um deus plebeu,
sem adeus.
Preciso te decorar.
Assim como um herói de ficção perdido
na fricção de palavras perturbadas,
dentro de cabeças quentes.
Agora tenho apenas pódio sem a tua chegada,
na madrugada nua da rua
sem saída.
Você se foi
e eu fiquei entupida.
Cheia de nós na garganta
à espera de um buraco no buraco
capaz de fazer teus fragmentos descerem goela abaixo.

.GOODBYE.

Leftovers of your life still hang in the air.
They paint and embroider temporary stars
just so I can worship you.
Like a commoner god,
without farewell.
I have to decorate you.
Like a lost fiction hero
amidst the friction of disturbing words
inside of hotheads.
Now, all I have left is your arrival podium
in the dawn of naked streets
without an exit.
You're gone
and I'm choked.
I'm full of unswallowed neck clots
waiting for a hole inside of the hole
able to make fragments of you go down the throat.

~~DESPEDIDA.~~

Sabe o seu amor?
Esquece. Deve ser tudo culpa do calor.
Vem aqui, coloca a cabeça no meu colo
para eu fazer aquele cafuné
que faz seu pensamento virar uma bolha de sabão.

Às vezes queria prender você nos meus braços
por mais uma noite, sem medo,
sem expectativas,
sem cobranças,
sem mais, nem menos.

Fica aqui hoje, pela última vez.
Minha coluna está torta de tanto procurar seu ombro.
Não consigo dormir direito sem fechar ciclos.
Não é seguro dormir de porta aberta.

Vem para mim hoje.
Vai embora amanhã de manhã, depois do café.
E olha:
Não volte aqui.
A porta estará fechada.

.FAR~~EWELL~~.

Do you know your love?
Forget about it. The heat is the one to blame.
Come here, put your head on my lap
so, I can stroke it gentle
until your thoughts become bubbles.

Sometimes, I wanted to lock you inside of my arms
for another night, with no fear,
with no expectations,
with no charge,
with no more excuses.

Stay here tonight, for the last time.
My spine is crooked from looking for you.
I can't sleep well if I don't close old cycles.
You know It's not safe sleeping with an open door.

Come here tonight.
Go away in the morning, after breakfast.
And look:
Do not come back.
The door will be locked.

PRESENTE

Caçadora de histórias, faço de mim personagem principal.
Cobaia dos meus próprios experimentos,
não amo nada nem ninguém até o fim.
Pareço um ser social, mas sou ilha de mim mesma.
Meu quarto sabe.
A casa está vazia.
Ontem ele foi embora.
Era primeiro de abril e o dia da mentira
nunca disse tantas verdades.
Ficaram na memória glórias e lembranças.
Vivi um mês de presentes
– Nada de passado, nada de futuro.
Fomos felizes, mesmo sem querer.
Na hora da despedida, beijo na testa e silêncio.
Não consigo nem chorar. Pra quê?
Na história de amor mais linda não tinha ninguém apaixonado.
Talvez sejam os meus olhos.
Pois bem, agora morre a princesa
e nasce a rainha com o destino de matar o rei.

~~P~~RESENT.

Hunter of stories, I make myself the main character.
I'm my own lab rat,
I don't love anyone or anything until the end.
I might seem social, but I'm an island.
My room knows it.
The house is empty.
Yesterday, he left.
It was April first and the liar's day has never told so many truths.
In my memory, recollections of glory.
I had a month of presents
– no past, no future.
We were happy, not realizing it.
When it was time for our goodbyes,
a kiss on the forehead and silence.
I can't not even cry. What's the point?
In the most beautiful love story,
nobody was in love.
Maybe it's in my eyes.
Fine, the princess dies now
and a queen's born with the fate of killing the king.

HISTÓRIA DE UM MÊS

Cinco semanas com você
teto áspero, sala fria.
Três semanas com você,
cama macia.
A gente não dorme, a gente se entrelaça.
Emprestamos nossas almas à noite
até que a Lua dê lugar ao Sol.

Uma semana sem você.
Hoje eu não sinto mais nem fome.
Deixar você ir pode me custar mais do que posso pagar.
Eu não queria que o primeiro beijo acontecesse.
Eu sabia que havia brasa quente escondida
naquela lenha calma.
Brincamos com fogo e esquecemos que ele arde.
Derretimento completo das unhas que rabiscam costas.
O fim do que antes era matéria.

Primeira vez na vida que deixo alguém entrar.
Eu dei as chaves.
Agora elas devem estar em cima da mesa da cozinha,
sem uso, depois de tão usadas.
Elas eram suas. E agora?
Vão ficar sozinhas.
Voltam para a gaveta.
Coitadas delas.
Eu sempre fui sozinha, então tudo bem.
Coitadas delas.

~~STORY OF A MONTH~~.

Five weeks with you,
rough ceiling, cold living room.
Three weeks with you,
soft bed.
We don't sleep, we intertwine.
We borrow each other's souls at night
until the moon moves away from the sun.

One week without you.
Today, I don't even feel hungry anymore.
Letting you go might cost me more than I can pay.
I didn't want the first kiss to happen.
I knew there were hot embers hidden
under that quiet firewood.
We played with fire and forgot it could hurt.
The final melting point of nails scratching backs.
The end of what used to be tangible.

First time I've ever led anyone enter.
I gave you the keys.
Now, they must be on top of the kitchen counter,
useless, after being used.
They were yours, remember?
They're alone, back in a drawer.
Poor things.
I'm used to being alone, so that's ok.
Poor things.

~~:~~AMOR~~TECIDA.~~

Ela acaba de colecionar mais um tropeço.
Ela beija ele pela última vez.
O elevador chega e ela faz questão de descer
com ele para deixá-lo lá fora.
Na volta, ela sobe para o apartamento e fecha a porta.
Ela está apaixonada. Ele não pode saber.
O plano é o seguinte: para ele, ele é só mais um.

Ela acaba de colecionar mais um tropeço.
Ela sabe: ele beija ela pela última vez.
Esse lobo mau continua a fazer as suas vítimas.
Elas continuam a morrer de amor.
De repente, os dias dela ficam preto e branco.
Até as cores começam a morrer desbotadas.
Ela está mais branca do que nunca
em um dos verões mais quentes da Califórnia.

Ela acaba de colecionar mais um tropeço.
Ela chora escondida, anima a plateia de *amigos*
com festas regadas a cerveja, pão e carne
– *Barbecue*
A dor que o coração dela tolera é insuportável.
Um dia desses ele para de bater por desgosto
no verão de agosto
ou ela morre por vontade própria.
Eu tenho pena dela,
porque ela sofre por amor desde o dia em que nasceu.
Coitada dela.

.NUMB.

She has collected another fall.
She kisses him for the last time.
The elevator arrives and she makes sure to go down
with him to leave him outside.
On the way back, she goes back up and shuts the door.
She's in love. He can't find out.
This is the plan: to him, he is just another one.

She has collected another fall.
She knows it: he kisses her for the last time.
This bad wolf keeps making new prey.
They keep falling in love.
Suddenly, her days become black and white.
Even the colors start fading until they dye.
She's whiter than ever
 in one of the hottest Californian summers.

She has collected another fall.
She cries to herself, but entertain crows of friends
with parties filled with beer, bread, and meat
– barbecue
The pain her heart tolerates is impossible.
Someday, it'll stop beating out of disgust
during August's summer
or she'll die willingness.
I feel sorry for her because
she suffers from love since the day she was born.
Poor thing.

~~REVELAÇÃO.~~

Presta atenção.
Apaga a luz, tira as roupas.
Só faz sentido mostrar um corpo desbotado
para quem enxerga um coração rasurado.
Você tem medo da minha verdade.
Você finge não saber da minha insanidade.
Isso é uma revelação.

Presta atenção.
Preciso lembrá-lo que nem todas as portas abertas
são um convite para entrar.
Quando você entra,
até as minhas janelas ficam escancaradas.
Isso é falta de educação.

Presta atenção.
O amor de que falo não é para sempre.
O beijo que dou não é para tirar você
de dentro desse corpo de sapo.
O abraço que entrego numa bandeja de ouro
não é contrato.
Isso é falta de opção.
Relaxa!

Presta atenção.
O meu coração não é de papel só porque ele queima.
Ele sangra dentro dos meus músculos exaustos.
Liga a luz, coloca as roupas.
Isso é uma ilusão.

~~DIS~~CLOSURE.

Pay attention.
Turn off the lights, take off your clothes.
It only makes sense to show a fading body
to the ones who can see a graffitied heart.
You're afraid of my truths.
You pretend not to know about my insanity.
This is a revelation.

Pay attention.
I have to remind you that not every open door
is an invitation to enter.
When you're inside,
even my windows burst open.
This is disrespectful.

Pay attention.
The kind of love I talk about has no forever.
The kiss I give won't take you out of that frog's body.
The hug I deliver on a golden tray is not a contract.
This is a lack of options.
Relax!

Pay Attention.
My heart is not made of paper just because it burns.
It bleeds inside of my exhausted muscles.
Turn on the lights, put on your clothes.
This is an illusion.

~~QUASE AMOR.~~

Você 43, eu 31.
Gosto de gastar as minhas horas nas suas.
Da primeira vez que vi você,
não quis olhar de novo.
Eu sabia que ali estava o precipício.
Eu não sabia como soltar a corda do paraquedas sozinha.
Lá estava você, com um sorriso gigante estampado
na bochecha comprando espaço entre as rugas do rosto.

Eu não tinha a menor ideia do que ainda estava por vir.

Você 43, eu 31.
Desde então, o meu mundo gira em torno do seu Sol.
E eu, sempre Lua, te espero quase nua entre quatro paredes de concreto.
Descobri que me apaixonei na semana passada.
Mesmo que eu tente negar, eu sei: é queda livre daqui por diante.

Hoje decidi assumir essa paixão.
Coisa estranha essa chamada orgulho.
Acabei de dar umas marteladas nele e sabe o que aconteceu?
Quebrou.

Estou com saudade.
Estou feliz de novo.
E toda derretida (por você).

.A~~L~~MOST ~~LOVE~~.

You're 43, I'm 31.
I like to spend my careless hours on yours.
The first time I saw you,
I didn't want to look that way again.
I knew the abyss was right there.
I didn't know how to let go of the parachute rope alone.
There you were, with the biggest smile on your face
buying more space to squeeze between your wrinkles.

I had no idea about what was coming next.

You're 43, I'm 31.
From that moment on, my world orbited your sun.
And I, always moon, wait for you half-naked between four concrete walls.
Last week, I realized I was in love.
Even if I'm in denial, I know: it's free-fall from here.

Today I made up my mind and I decided to be honest.
It's this weird thing called pride.
I just hammered it hard and guess what happened?
It broke.

I miss you.
I'm happy again.
I'm melting (for you).

.VI~~OLÃO~~.

Os dedos que me tocam,
tocam a música da sala cheia de caixas
de sons que se espalham pela vizinhança desconhecida.
Desencontros de elevador de condomínio.

Os dedos que me tocam,
tocam a campainha da porta que estava trancada.
Há mais de dez anos não vejo a lua inteira.
No meu céu, só tem metades.
Sigo perdida em labirintos de borracha
que apagam as memórias que eu não queria esquecer.
As luzes acesas revelam meu rosto desbotado,
desabotoado de palhaço sem circo.
Mas eu nunca fui palhaço.
Nasci para ser um leão indomável em pele de cordeiro.
Não tenha medo da minha mordida, menino mineiro.
Nada é tão letal quanto respirar pela vida,
e mesmo assim, vivemos dentro dela, em garrafas de vidro,
e bebemos nossas dores goela abaixo.

Os dedos que me tocam,
agora apontam para o meu nariz.
A culpa é minha, não identifiquei o cheiro de fumaça
que vinha da carniça da sua vida maltrapilha.
Continuo em pé e assisto ao seu drama-cômico de suspense.
Honey, suspensa está a minha vida na sua
até que eu encontre os meus
suspensórios de emergência entre as roupas bagunçadas.

~~S~~TRINGS.

Those fingers touching me,
play the music in the room full of boxes
of sounds that spread along the unknown neighborhood,
Mismatching of those inside of elevators.

Those fingers touching me,
touch the bell of a door that was locked.
I haven't seen a full moon in ten years
In my skies, there are only halves.
I keep on going lost in rubber labyrinths
that try to erase what I didn't want to forget.
The lights are on revealing a worn-out face,
an unbuttoned clown with no circus.
But I've never been a clown.
I was born to be an untamed lion on lambskin.
Don't be afraid of my bite, *mineiro* boy.
Nothing kills more than life itself,
still, we live in it, inside of glass bottles,
swallowing our pain down the throat.

Those fingers that touch me,
must be pointing to my nose now.
It's my fault. I didn't identify the smell of smoke
coming from the old flesh of your ragged life.
I'm still standing and watching
your funny drama of suspense.
Honey, my life is suspended against yours
until I'm able to find my temporary
emergency suspenders amidst those messy clothes.

ESPIRAL

Você não anunciou a partida, apenas foi.
Agora volta sem avisar.
Bate. Porta. Abro.
Não te deixo entrar, mas há uma fresta
bem no meio da minha boca sinalizando um sim.
Você entra e encosta a porta que eu deixei aberta
Não sei o que fazer de mim.

Você aqui dentro atiça as minhas tolices.
E agora, vai ficar?
Dias. Meses. Anos.
Estou sem calendário.
Olho para os lados à procura dos meus óculos.
Estaria eu partindo também?
Partindo de mim sem anunciar que vou?

Sei que ando por um caminho sem estrelas,
e toda pedra cega o que eu preciso ver.
Nossas almas com Norte diferentes
continuam a procurar por um Sul que não existe.
Agora o que resta é o travesseiro com o seu cheiro,
lembra?

Reavalio a situação.
Porta. Fresta. Entrelinhas.
O corte é profundo.
Preciso ir embora.
Mas desta vez, levo as chaves comigo.

SPIRAL

You didn't announce your departure, you vanished.
Now, come back without warning.
Knock. Door. Open.
I can't let you in, but there's a crack
right in the middle of my mouth signaling yes.
You enter and pull over the door I've left open.
I don't know what to do with myself.

When you're inside, you tease my imprudence.
Now what? Will you stay?
Days. Months. Years.
I've lost my calendar.
I look from side to side in search for my glasses.
Would I be leaving too?
Departing from myself with no warning sign?

I know I walk on starless paths,
and every stone on the way blind what I need to see.
Our souls have different Norths
but they keep on looking for a fantasy South point.
Now, all that is left is your smell on the pillow,
remember?

I reevaluate the situation.
Door. Crack. Lines.
The cut is deep.
I need to go.
But at this time, I'm taking the keys with me.

~~SUTIL~~MENTE~~.~~

Mesmo se eu soubesse como chegar ao paraíso antes de você,
esperaria pela sua mão junto a minha na fila que espera
o próximo carro da montanha-russa.
Porque a sua mão e a minha, juntas,
entrelaçadas num amontoado de dedos, e medos,
constroem pontes sobre os precipícios do caminho.
Elas não nos deixam cair.
Porque cair é sempre se machucar,
até mesmo quando a gente *cai na real*.

As mãos que tocam os nossos corpos aprenderam
a mágica de tocar almas.
O que aconteceu nos virou pelo avesso, mudou de cor.
Talvez amanhã de manhã tudo isso passe.
Talvez eu pense demais.
Continuo a me atrever a respirar o seu ar.
Continuo a me atrever a tocar as suas mãos.
Continuo a escutar pássaros embaixo da minha janela.
Eles também cantam para trocar de dor.

.SUB~~TLY~~.

Even if I knew how to get to paradise before you,
I'd wait for your hand on mine at the line that waits for
the next roller coaster car.
Because your hand, on top of mine, together,
intertwined in a pile of fingers, and fears,
build bridges between the abyss that divide our trails.
They don't let us fall.
Because falling means hurting, every time,
even when we fall into our senses.

The hands that touch our bodies have learned
the magic of touching souls.
What happened turned us upside-down, changed our color.
Maybe tomorrow morning this will all be gone.
Maybe this will never end.
I keep on daring to breathe your air.
I keep on daring to touch your hands.
I keep on listening to the birds under my window.
They also sing to exchange their pain.

.ON.

.falta o que sobra nessa noite alagada de secura
.nessa vida cheia de vazios
.nesses anos todos despedaçados que se completam numa metade.
.corta a faca que não tem fio,
a linha que não tem ponta
e o fim que nunca termina.
.desespero-me de tanta alegría.
.rio alto para disfarçar a tristeza desse rosto alegre.
.tudo que é demais um dia se esgota.
.tudo o que sobra
me esvazia.
.resta o que ainda não começou.
.tomo aquilo que não se bebe.
.agora vem uma vontade de esquecer o inesquecível.
.perco-me nos meus próprios abraços outra vez.
.só hoje, só porque estou bem
.só porque não sei mais ser triste
.insisto em brincar de ser infeliz pra ver se a felicidade se controla.
.eu e a minha vontade de ser controle remoto.
.OFF.

.ON.

.I lack what overfloods me in this dried-up night
.in this life full of so much emptiness.
.in all these combined shattered years
that become a half.
.it cuts the knife that has no edge,
the thread that does not have an end,
and the end that does not have closure.
.I'm desperate from so much happiness.
.I laugh out loud to disguise the sadness tattooed
on my happy face.
.too much of anything drains itself.
.all my leftovers
are left over emptiness.
.I'm left with what has not started yet.
.I drink from something that is not a beverage.
.now, all I want is to forget the unforgettable.
.I lose myself in my own embrace one more time.
.just for today.
.just because I don't know how to be upset anymore.
.I insist on pretending I'm unhappy to see if my happiness
controls itself.
.I, and this wish to be a remote control.
.OFF.

~~SEGUINTE.~~

Minha solidão está encolhida num cantinho desta cidade grande
deste quarto,
desta rua,
desta praia,
deste bar.
Perdi a noção do que realmente é meu,
do que eu posso pegar e guardar
na bolsa,
na mala,
na sacola,
na mochila,
na carteira.
Fui pra tão longe e por tanto tempo
que agora está tão difícil ficar quanto voltar.
Será que existe um lugar no meio onde eu possa morar?
Não paro.
Congelo, derreto, deslizo, solidifico, amoleço.
Sou minha.
E sigo
sozinha.

~~NEXT~~

My loneliness is shrunken in a random corner of this city
this room,
this street,
this beach,
this bar.
I've lost the notion of what is truly mine,
of what I can grab and keep
in my purse,
in my luggage,
in my bag,
in my backpack,
in my wallet.
I've been so far and for so long
that now it's been hard either to stay or to go.
Will there be a place in the middle where I can live?
I can't stop.
I freeze, I melt, I slide, I solidify, I soften.
I belong to myself.
And I keep ongoing
alone.

.201(2)3.

Não vi o ano novo chegar
Não tinha roupa branca, champanhe nem amigos
Fiquei trancada para sempre no ano que nunca disse adeus.
Como ter um feliz ano novo se o velho nunca foi embora?
E as fotos?
Cadê elas pra provar que foi tudo verdade
e que os sonhos daquela noite fria eram apenas alucinações?

Hoje a ressacada coletiva dos meus amigos não entende
essa xícara de chá verde que insisto em tomar
para me desintoxicar de uma impureza que não é minha.
O seu corpo não esquentou o meu na noite da virada,
e não consegue mais nem ferver o meu sangue gelado.
Sangue de barata (tonta).

*Você não se mostra nem pra você e ainda quer
que alguém entenda?*

As pessoas só entendem o que a elas é explicado,
meu bem.
Vai explicar para o meu espelho quebrado os sete anos
de azar que já deveriam ter acabado.
Viro a página, fecho o livro e compro uma caneta nova.
Esqueço a reciclagem e faxino o coração.
Jogo fora mesmo! Queimo se for preciso.
Talvez isso me esquente nas noites frias que estão por vir.

.201(2)3.

I didn't see the New Year coming.
I didn't have any white clothes, champagne nor friends.
I'm forever locked inside of the year I didn't wave goodbye.
How would I have a Happy New Year if
the old one never went away?
What about the pictures?
Where are they to hold as sign of the veracity and proof
that the dreams I had that night were just hallucinations?

Today, the collective hangover of my friends doesn't understand
this cup of green tea that I insist on drinking
to detoxify from an impurity that is not even mine.
Your body didn't warm mine on New Year's Eve,
and it still cannot boil my cold heart.
(Stupid) cockroach blood.

You don't show yourself not even to your own mirror,
but want someone to get it?

People can only understand what is explained to them,
my dear.
Explain to my broken mirror these seven years of bad luck
that should've already been gone.
I turn the page, I close the book and I buy a new pen.
I forget about recycling and clean my heart.
I throw everything away! I burn it all if need be.
Maybe that will warm me up during the cold nights that are
coming my way.

~~INSISTO.~~

Aqui estou.
Eu, somente eu,
que continuo amando o que não é amor,
que continuo chorando o que não é dor.
E lá está você.
Você, somente você,
que continua a procurar o que não se encontra,
que continua a molhar o deserto com um secador.
Teimosia assim só vi no meu espelho,
que já quebrou, colou, trincou, e me deu azar.
Essa é a história de dois sujeitos que não
se sujeitam à sujeira desse quarto não abandonado.
Teimosos.
Ficam aqui e lá, no lugar em que o lugar nenhum mora.
Teimosos.
Não apagam o que o tempo quer abandonar.

.STUBBORN.

I'm here.
I, along with myself,
and I keep on loving what is not love,
and I keep on crying about what is not pain.
And there you are.
You, alone with yourself,
and you keep on searching for what cannot be found.
and you keep on watering the desert with a hairdryer.
I've only seen so much stubbornness on my own mirror
that has already been broken, glued, cracked,
and gave me bad luck.
This is the story of two subjects
who don't subject themselves to the mess
of that abandoned room.
Stubborn.
They stay here and there,
in a place where no place has ever lived.
Stubborn.
They do not erase what time wants to let go.

~~ENLATADO~~

Queria que a sua emenda saísse do meio da minha testa.
Você me fez acreditar que eram verdades
as mentiras que contei.
Você sempre disse: deixa pra lá.
Mas hoje vejo que eram todas mentiras
as verdades que sonhei.
A cola provisória do seu silêncio na minha boca sinaliza
que não existe certo ou errado,
que felicidade não tem no mercado,
e por isso não dá para comprar (ainda).
Lembro dos seus olhos deitados
sobre os meus julgamentos
só esperando para dizer que *tudo bem*.
Acho que preciso arriscar,
enlouquecer de amor pelo minuto que passa
e espia a minha dor de cima do muro.
Você sempre disse: cada dia é singular.
Agora vivo como se todos os dias fossem os primeiros.
Dias virgens.
Eles me ajudam a testemunhar a industrialização do amor
de camarote.
E você?
Você segue enlatado nos meus ouvidos entupidos.

.JAM~~MED~~.

I wish your stitches would snap from the center my forehead.
You made me believe the lies I used to say were true.
You made me believe the truths I used to tell were lies.
You have always said: let it be
But today, I see that the truths I used to dream about
were just lies.
The temporary glue of your silence in my mouth signals
that there's no right or wrong,
that happiness is not on sale at the market,
and that's why we cannot buy it (yet).
I remember the way your eyes used to lay
on my judgmental ways
waiting to say *that's ok*.
I think it's time for me to take risks,
go mad with love for every passing second while
spying on my pain from the top of a wall.
You have always said: every day is singular.
Now, I live as if every single day is the first one.
Virgin days.
They help me to witness the industrialization of love
from a VIP cabin.
What about you?
You keep jammed inside of my clogged-up ears.

.IV.

LOVE

~~RUN~~AWAY~~

Your Portuguese is not as good as mine.
We can speak the same love language.
Muscles somewhat softer.
You know what? I put my walls up
to protect myself against you.
You better know now:
your worst enemy is my intensity.
The other day, my friend Laura found out
I'm the (un)perfect Sagittarius:
Sun, Moon, and something rising…
There's fire everywhere. Don't touch!
You can't handle so much, much.
Very much so!

How many times does a head have to spin to get dizzy?
Mine spins even when I'm still.
Hold me. I'm instability.
If you ask me to love you now,
I'll move to another country.
I'll spend the rest of my days
falling for the wrong guys again.
They inspire me to write,
while I spill this thin pain through my wounded pores.
According to my tears, I'm the biggest asshole of all parties.
But hey, if you make me smile one more time,
maybe we can be friends with benefits.

.COR~~RE~~.

O seu Português não é tão bom quanto o meu.
Falamos a mesma linguagem do amor.
Músculos mais moles.
Sabe o quê? Ergo minhas paredes
para me proteger de você.
É melhor saber agora:
o seu pior inimigo é a minha intensidade.
Outro dia, minha amiga Laura descobriu que
sou uma sagitariana (im)perfeita:
Lua, sol, e mais alguma coisa...
Há fogo em todas as direções. Não toque!
Você não consegue dar conta de tanta coisa.
Muita coisa!

Quantas vezes uma cabeça tem que girar para ficar tonta?
A minha gira mesmo quando estou parada.
Segura-me. Sou a própria instabilidade.
Se você pedir para eu amar você agora,
vou mudar para outro país,
vou passar o resto dos meus dias
me apaixonando pelos homens errados.
Eles me inspiram a escrever,
enquanto derramo essa dor fina pelos meus poros machucados.
De acordo com minhas lágrimas, sou a maior idiota de todas.
Mas se você me fizer sorrir mais uma vez,
talvez possamos ser amigos com benefícios.

TRASH

You come in.
You don't ask for permission.
You take my heart,
        my house,
                my bed,
                      my time,
and do whatever you want with them.
I'm here and I watch. Hands resting on my lap.
I know you're a big mistake,
but I keep leaving you the keys under the rug
        Do you see my poker face?
I tell everyone I don't play games,
but I'm the biggest player of all time.
Once, my heart was broken.
        It never became whole again.
Leave now if it makes you feel in control.
You think you're a king, but you sleep under my kingdom.
I don't need a king, I look for a prince.
For I'm the princess who kisses frogs at night.
All you see is your own belly button.
        It doesn't work for me.
Life may give you a third chance, not me.
You should go now.
Don't forget the box with the leftover dinner you bought for yourself last night.
You didn't even offer me a bite.
        Shit! Where's my trash can?

~~LI~~XEIRA.

Você vem.
Você não pede permissão.
Você pega o meu coração,
         a minha casa,
                a minha cama,
                       o meu tempo,
e faz o que bem quer com eles.
Estou aqui e vejo tudo isso. Mãos descansam no meu colo.
Sei que é um erro,
mas deixo as chaves embaixo do tapete para você.
         Consegue ver a minha cara de peroba?
Falo para todo mundo que não brinco com sentimentos,
mas sou a maior jogadora de todos os tempos.
Uma vez, meu coração foi quebrado.
         Ele nunca mais ficou inteiro.
Pode ir agora se isso faz você achar que tem algum controle.
Você pensa que é um rei, mas dorme embaixo do meu castelo.
Não preciso de um rei, procuro por um príncipe.
Porque sou a princesa que beija sapos à noite.
Você só enxerga o próprio umbigo.
         Não funciona para mim.
Vai embora agora.
E não esqueça de levar o resto do jantar que trouxe para você
mesmo ontem à noite.
Eu não ganhei nem uma mordida.
         Merda! Onde está a minha lixeira?

.SUN~~SET~~.

I remember the day we said good-bye in your living room,
watching the sunset.

Two roses watch us talk and they exhale death.
The smell is strong and it suffocates my heart.
I can hear the cold wind blowing the sandcastles across the street,
but your hugs cannot keep me warm anymore.
You try to kiss me one last time and it feels like
my mouth is spilling blood
from the outside to the inside.
I don't like how we taste. It's not the same.
Even the air stops circulating inside my body.
Not breathing makes me calm.
If you take my X-ray now, you'd see me hanging on pieces
of broken bones.
They try to glue themselves to the clouds as we go apart.
My hands are cold. I have another sip of chamomile tea,
but it's useless.
Please, God, let me get rid of these sharp thorns.
I cannot hold them anymore.
The picture hanging on your wall is beautiful, you know?
Beach
Walks
Bed
Words
Dreams.

I remember the day we said good-bye in your living room,
watching the sunset.

My heart loses its compass and races against your broken clock.
It paints your ceiling grey. Please, don't get mad at me.

The air becomes warm and it stops the wind.
My head breathes.
My heart heals.
My stomach eats my pain away.
Those pillows on the floor are jealous of my messy hair and whisper:
"You are going to be missed"
Faces.
Trust.
Eyes.
Arms.
Wishes.
Breakfast.
Tooth bush.
Towel.
Lunch.

I remember the day we said good-bye in your living room, watching the sunset.

I want to cry.
I hope you don't see it.
I need to go home.
Balcony.
Sun.
Ocean.
Doors.
Car.

I remember when I saw you for the first time.
I remember I knew what was coming next.
I remember I kept on going anyway.
I remember the day we said good-bye in your living room, watching the sunset.

.ANOITE~~CER~~.

Lembro do dia em que você me disse adeus na sua sala,
vendo o pôr-do-sol.

Duas rosas nos observam enquanto conversamos.
Elas exalam morte.
O cheiro é forte e sufoca o meu coração.
Posso escutar o vento frio desmoronando castelos de areia
do outro lado da rua,
mas os seus abraços não podem mais me manter aquecida.
Você tenta me beijar pela última vez e parece que
a minha boca espirra sangue
de fora para dentro.
Não gosto mais do nosso gosto. Não é a mesma coisa.
Até o ar para de circular dentro do meu corpo.
Não respirar me deixa calma.
Se você tirasse um raio-x agora, veria-me pendurada
em pedaços de ossos quebrados.
Eles tentam se colar às nuvens enquanto nos separamos.
Minhas mãos estão frias. Tomo outro chá de camomila,
mas não adianta.
Por favor, Deus! Tira de mim esses espinhos afiados.
Não posso mais segurá-los.
Sabia que a foto na sua parede é bonita?
Praia
Caminhadas
Cama
Palavras
Sonhos.

Lembro do dia em que você me disse adeus na sua sala, vendo o
pôr-do-sol.

Meu coração perde o compasso e corre contra meu relógio.
Ele pinta o seu teto de cinza. Por favor, não fique bravo comigo.
O ar fica mais quente e isso acalma o vento.
Minha cabeça respira.
Meu coração cura.
Meu estômago come a minha dor.
Aquelas almofadas no chão têm ciúmes do meu cabelo bagunçado e sussurram:
"Você vai fazer falta"
Rostos
Confiança
Olhos
Braços
Desejos
Café da manhã
Escova de dentes
Toalha
Almoço.

Lembro do dia em que você me disse adeus na sua sala, vendo o pôr-do-sol.
 Quero chorar.
Espero que você não veja.
Preciso ir para casa.
Sacada
Sol
Mar
Portas
Carro.

Lembro quando vi você pela primeira vez.
Lembro que sabia o que estava por vir.
Lembro que continuei ao seu encontro.
Lembro do dia em que me disse adeus na sala, vendo o pôr-do-sol.

.LOVE~~LY~~ LONE~~LINESS~~.

It was Fall when I decided to be alone.
That day, my allergies were swallowing my aching head.

You come without notice and I make sure to send you back.
I grab your shoulder and turn your body around.
I want to give you back to the place where you belong.
Stay there! Leave me alone, you,
the reason for my sweetest dreams.

Hard is a stone, an ancient rock,
a concrete wall, and my heart.
Heavy is my embrace.
My thoughts overthink
while the thought of you hurt like hot oil over unprotected skin.

If I have to send love away one more time I will.
For God's sake! I wasn't born to share my lonely nights
with a happy boy from the wine country.
I was meant to be parachute of my own free-*fall*-will.

Don't come here tonight.
My pain wants to stain your blood darker.
I'm trying to convince myself you're going to break my heart.
There's no second chance angel able of changing my mind, but you.
Get out now, before it's too late and I run out of *nos*.

ADORÁVEL SOLIDÃO.

Era outono quando decidi ficar sozinha.
Aquele dia, minhas alergias engoliam a minha cabeça dolorida.

Você veio sem anunciar e fiz de tudo para mandar você de volta.
Agarrei seu ombro e virei seu corpo para o outro lado.
Queria mandar você de volta para o seu lugar de origem.
Fique lá! Deixe-me sozinha, você,
razão dos meus sonhos mais doces.

Dura é a pedra, uma rocha antiga,
uma parede de concreto, e o meu coração.
Pesado é o meu abraço.
Meus pensamentos patinando
enquanto a sua lembrança machuca como óleo quente
sobre pele desprotegida.

Se eu tivesse que mandar o amor embora mais uma vez,
eu mandaria.
Pelo amor de Deus! Não nasci para dividir minhas noites solitárias
com um garoto feliz da cidade dos vinhos.
Era para eu ser paraquedas das minhas próprias quedas,
meu arbítrio.

Não volte aqui hoje à noite.
Minha dor quer pintar o seu sangue de escuridão.
Tento me convencer de que você vai quebrar o meu coração.
Não existe um anjo das segundas chances capaz de mudar
minha cabeça, só você.
Vá embora agora, antes que seja tarde demais e eu acabe com o
meu estoque de *nãos*.

~~BUTTER~~FLIES~~.~~

I know a girl.
She sees butterflies whenever she closes her eyes.
I still don't know that guy,
but he makes that caterpillar dream about blue skies.
They are meant to be together,
but he is too complicated,
and she is too easy to please.

Seven Winters later, it is Summer again in July.
At work, he rescues the cat from the top of a tree.
She doesn't know it yet, but he waits for her to save his life.
She breaks out of her cocoon.
They reunite.
But then Summer is over again,
he is too easy to please,
and she is too complicated.

Now it's Spring and the lovers meet at LAX.
She cannot sleep for weeks.
He wishes airplanes were rockets instead.
He is here to stay.
They ride a train at the station near Hope Street.
There's no seventh day to rest, it's now and forever.

.~~ESTA~~ÇÕES.

Conheço uma garota.
Ela vê borboletas toda vez que fecha os olhos.
Ainda não conheci aquele garoto,
mas ele faz aquela lagarta sonhar com um céu azul.
Eles nasceram um para o outro,
mas ele é muito complicado,
e ela é muito fácil de agradar.

Sete invernos mais tarde, o verão chegou em julho.
No trabalho, ele salva o gato de cima da árvore.
Ela ainda não sabe, mas ele espera que ela salve a vida dele.
Ela se liberta de seu casulo.
Eles se reencontram.
Mas o verão termina outra vez.
Ele é muito fácil de agradar
e ela é muito complicada.

Agora é primavera e os amantes se encontram
no aeroporto de LA.
Ela não dorme há semanas.
Ele queria que aviões fossem foguetes.
Ele veio para ficar.
Eles pegam o trem na estação perto da Rua Esperança.
Não há sétimo dia para descansar, é agora e para sempre.

~~sHe~~

No one is here now.
Be quiet, please!
I want to listen to this silence alone.
The lights are on and I need to
make sure I can see you through the broken glasses.
My heart.
Where are you?
The living room is full of boxes and books
and I'm afraid you're gone.
Someone must've dumped you
with the morning trash and the dinner I cooked last night.

Funny to think that was our first chance.

I remember you opening my windows,
fresh air taking over the entire place.
Clothes flying like mad feathers of angel's wings.
And I?
I was you for a minute.

.PENAS.

Ninguém está aqui agora.
Fique quieto, por favor!
Quero escutar esse silêncio sozinha.
As luzes estão acessas e preciso
ter certeza de que posso ver você através dos vidros quebrados.
Meu coração.
Onde você está?
A sala está cheia de caixas e livros
e tenho medo que você tenha partido.
Alguém deve ter jogado você fora
com o lixo matinal e o jantar que fiz para você ontem.

Engraçado pensar que aquela foi a nossa primeira chance.

Lembro de você abrindo as minhas janelas,
O ar fresco tomou conta da casa toda.
Roupas voaram como penas insanas de asas de anjos.
E eu?
Eu fui você por um minuto.

~~FACES.~~

My empty room is full of junk.
Those feathers dance a fancy ballet with the wind.
That makes my stomach heavy.
If I look into your eyes, I see nothing.
I pretend I believe.
You believe I pretend.
I look for an answer but those faces give me more questions.
I've got books, you've got beers.
I have dreams, you have desires.
I need love, you crave an orgasm.

I have too many faces, you must be confused.
You try to fit me into your life and
You don't realize you are the one
who needs to come away with me.
I have the whole world on my hands.
You have one lonely key.

Everyone looks stupid from where I stand
Everything is vague and artificial.
I need your door. I want your key.
I wish I could live in your enchanted room forever.
We would be together, wrapped on that blanket.
One day, I wanted to look back with a smile knowing
That I had the guts to leave all my dreams behind for love.
But I cannot.
Maybe I'm too scared to be alONE with you.

~~CON~~FUSÃO.

Minha sala vazia está cheia de entulhos.
Aquelas penas dançam um balé requintado com o vento.
Isso deixa o meu estômago pesado.
Se olho nos seus olhos, não vejo nada.
Eu finjo que acredito.
Você acredita que finge.
Procuro por respostas, mas esses rostos me enchem de perguntas.
Eu tenho livros, você tem cervejas.
Eu tenho sonhos, você tem desejos.
Eu preciso de amor, você anseia por um orgasmo.

Tenho muitas faces, você deve estar confuso.
Você tenta me encaixar na sua vida e
não percebe que você é quem
precisa fugir comigo.
Tenho o mundo nas mãos, você tem apenas uma chave solitária.

Todo mundo parece estúpido de onde eu observo.
Tudo é vago e artificial.
Preciso da sua porta. Quero a sua chave.
Queria poder viver no seu quarto encantado para sempre.
Estaríamos juntos, enrolados naquele cobertor.
Um dia, queria olhar para trás com um sorriso sabendo que
tive a coragem de largar todos os meus sonhos para trás por amor.
Mas não consigo.
Talvez eu tenha muito medo de ficar sozinha com você.

~~PIECES IN PEACE~~

He said goodbye with his silence.
I sat in bed for a week watching movies
to keep me busy.
No gym, no happy hours,
no mood to get pretty for the pictures.
My house is a mess,
the carpet was cleaned yesterday.
Furniture is piled up in the kitchen and in my bedroom.
Even my dog is locked in the restroom.
I have all the keys, but I drive on Venice Blvd as if I am that dog.
I miss my freedom!
I want to be the 405 on a terrific traffic day.
I put myself in jail the day I've decided to let you in.
I knew I shouldn't have done that.
The sky is bruised.
I'm afraid it will rain tonight.
But I'm not even in love.

.DESPE~~DAÇADA~~.

Ele disse adeus com o seu silêncio.
Fiquei sentada na cama por semanas vendo filmes
para ficar ocupada.
Sem academia, sem *happy hours*,
sem vontade de ficar bonita para as fotos.
Minha casa está uma bagunça,
o carpete foi lavado ontem.
Os móveis estão empilhados na cozinha e no meu quarto.
Até o meu cachorro está trancado no banheiro.
Tenho todas as chaves, mas dirijo pela Venice Blvd como se o
cachorro fosse eu.
Tenho saudade da minha liberdade!
Queria ser a rodovia 405 num dia de engarrafamento.
Coloquei eu mesma na cadeia no dia em que decidi
deixar você entrar.
Sabia que não deveria ter feito aquilo.
O céu está nublado.
Tenho medo, acho que vai chover hoje à noite.
Mas não estou nem apaixonada.

~~THAT NIGHT~~

It's Saturday night.
I'm tired, bored of LA.
I watch a girlfriend kiss a guy on the dance floor.
My other girlfriend is already drunk.
She smokes a cigarette outside
as she looks for fulfillment.
I always tell her: *smoke evaporates*.
I'm alone, then I'm not. There's a guy. A kiss.
It must be poison in his lips,
because I rather die before it's too late.

We spend the night talking.
The next day, I drive him home.
The 10 freeway is packed
and it gives me time to enjoy his presence for a longer mile.
I don't believe in magic, but butterflies dance on my knees.
I can see them right now. They tickle my emptiness.
Last night asks for eternity,
and I wish all eternities lasted forever.
My heart is in danger.
Yesterday, I canceled all my insurances.
This brings me back to life.

AQUELA ~~NOITE~~

Sábado à noite.
Estou cansada, entediada de LA.
Vejo uma amiga beijar um cara na pista de dança.
A outra amiga já está bêbada
e fuma um cigarro lá fora.
Sempre falo para ela: *fumaça evapora*
Estou sozinha. Não estou mais. Há um cara. Um beijo.
Deve ser veneno nos lábios dele
porque eu preferia morrer antes que fosse tarde demais.

Passamos a noite conversando.
No dia seguinte, dirijo ele para casa.
A rodovia 10 está engarrafada
e isso me dá tempo de aproveitar a presença dele.
Não acredito em mágica, mas borboletas dançam
nos meus joelhos.
Vejo elas agora. Elas fazem cócegas no meu vazio.
Ontem à noite ainda pede por eternidade,
e queria que toda eternidade durasse para sempre.
Meu coração está em perigo.
Ontem cancelei todos os meus seguros.
Isso me traz de volta à vida.

~~SOMETIMES~~

I think
We fell in Love
Wait
I fell in love with you
Now, you are falling
and I can't catch you because
Now, I'm up in the air
scratching clouds
You left me hanging there for years
You fell in love
It is too late
Now, I fall for myself
Hope you can see this flower
I hold between my knees
and the size of my middle finger showing you the way.

.~~FREQUÊNCIA~~.

Acho que
Nos apaixonamos - caímos de amor
Espera
Caí por você
Agora você cai
e não posso pegar você porque
Agora estou no céu
coçando nuvens
Você me deixou pendurada lá por anos
Você cai de amor agora
É tarde demais
Agora, caio por mim
Espero que você veja a flor que
seguro entre meus joelhos
e o tamanho do meu dedo do meio
mostrando o caminho para você.

.MESS~~AGES~~.

I'm no ordinary Jane, you see.
I'm a master of the art of palace whispering.
You're no average Joe, I see.
We exchange niceties,
but underneath it, we feel the prickly sensitivities of the day,
of today, of every-single-day.

While I send you underlying messages,
you sit there, quiet, almost dead-like.
You witness the rise and fall of my dreams
as if it's another one of your movies playing on TV.
There's a couch in between.
We offer each other embarrassed stares,
and I think about the ways an ugly statement can tilt
love toward decline.
Now, there's a new silence.
Would this be the end?

.MEN~~SAGEM~~.

Veja bem, não sou qualquer Maria.
Sou uma expert na arte de sussurros em palácios.
Veja bem, você não é qualquer João.
Trocamos delicadezas,
mas debaixo disso tudo, sentimos as dores espinhosas do dia,
de hoje, de todos os dias.

Enquanto mando mensagens nas entrelinhas,
você senta ali, quieto, parece morto.
Você testemunha a subida e a queda dos meus sonhos
como se fosse mais um dos seus filmes passando na TV.
Há um sofá entre a gente.
Trocamos olhares envergonhados,
e penso sobre os motivos que levam a frase errada
a empurrar o amor ladeira abaixo.
Agora há um silêncio novo.
Seria esse o final?

FADING.

You fade in the stillness of my memory
like the ghosts of Cuban cigars.
Tears will no longer punctuate the air
I breathe into my 40-year-old lungs.
Listen, my darling:
the first is never the last.

.~~DESBOTADO~~.

Você desbota na calmaria da minha memória
como fantasmas de cigarros Cubanos.
Lágrimas não vão mais pontuar o ar
que respiro com meus pulmões de 40 anos.
Escute aqui, meu querido:
o primeiro nunca é o último.

.V.

MORAL

.PINGO DO I.

Na escola chamam ele de ponto,
mas quando as pessoas estão bravas,
querem conversar sério,
elas dizem que querem colocar os pingos nos *is*.
Eu tinha uma colega que não colocava
nem um, nem outro.
Ela gostava mesmo era de desenhar bolinhas.

Antigamente, a gente tinha cadernos de recados.
Era uma sociedade secreta,
e lá podíamos colocar pontos, pingos, bolinhas
ou até mesmo corações nos *is*.
Eu gostava dos corações.

Eu ainda tenho um caderno desses em casa
numa gaveta, escondidinho.
Será que existe um lugar escondido o suficiente das mães?
Quando chegar em casa, vou perguntar para ela.
E desta vez, vamos colocar os pingos nos *is* lá em casa.

.OVER ~~THE i~~.

At school, they call it a dot,
but when people are mad,
and want to have a serious conversation,
they say they want to put the point over the letter i.
I used to have a friend who didn't use either of them.
She loved to draw tiny circles.

In the past, we used to have these notebooks.
They were like a secret society.
There we could put dots, points, circles
or even tiny hearts over the i.
 I loved the tiny hearts.

I still have one of those notebooks at home,
buried in a drawer, hidden.
I wonder if there's a place safe from our mothers.
When I'm home, I'll ask her.
And this time, we'll put the points over the letter i at home.

~~PINGOS DOS IS.~~

A vida é estranha.
Aos poucos, percebo a importância das coisas do mundo
como se fossem sangue correndo dentro de veias artificiais.
Diferentes linhas filosóficas andam opostas, de costas.
Contraditórias, assim como histórias mal contadas,
elas convergem para o mesmo centro
e deixam buracos por onde passam.
Os mundos giram.
Os ciclos abrem e fecham, e tudo volta ao *normal*.
Tudo fica esquisito de novo, e o que era, já não é mais.
Muda de lugar, troca de definição
como se fosse palavra arcaica em dicionário moderno.
Ocorre uma metamorfose estética, estática, elétrica.
De repente, assim do nada,
o círculo se transforma em espiral
e os pingos se tornam gotas grossas.
Os meus corações gostaram da mudança e se apaixonaram
pelas *gotas* que, aliás, não têm i.
Esse aqui poderia ser o começo de um conto de fadas.
Mas desta vez, a princesa sabe que o sapo
é apenas um sapo.
Isso agrega a ele uma vantagem:
a ausência da falsa expectativa.
Gostei da ideia e achei um sapo para mim,
mas como gosto dos pingos nos *is*,
o meu sapo eu chamo de *sapinho*.
O final é feliz, com dois *is* e seus dois corações.

.THE LETTER i.

Life is a strange thing.
Little by little, I realize the worth of things
as if they're blood streaming down artificial veins.
Different philosophies walk opposite ways,
with their backs turned.
Contradicting, just like badly written stories,
they converge to a common center
leaving holes wherever they go.
The world spins.
Cycles open and close, everything goes back to normal.
Everything becomes quiet again,
what used to be isn't anymore.
It's changed its place, changed its definition,
as if it's an archaic word found
inside of a modern dictionary.
An aesthetic, static, electric metamorphosis happens.
Suddenly, out of nowhere, the circle becomes and spiral,
and the dots become thick drops.
My heart liked the idea and fell in love
with the drops that have no points over their letter i.
This could be the beginning of a new fairy tale.
But at this time, the princess knows
the frog is just a frog.
This adds an advantage to the story:
lack of expectations.
I like this idea so much I found a frog for me,
but since I like the points of the letter i,
I call mine a little frog.
It is a happy ending, with an i and its tiny heart.

.A CEGUE(IRA).

O Brasil toma um tiro na boca.
Confunde a bala com o limão
e faz uma caipirinha.
Nesse dia, inventam
o carnaval,
o futebol,
a política
e a mídia.
Quinhentos anos depois ainda penso que o tiro saiu
pela culatra da cultura.
O tiro era para acertar o olho do palhaço.
Mas tudo bem.
Lá a gente sempre dá um jeitinho.
Oh, pátria amada!
Seu destino era ficar cega de qualquer maneira.

.BLINDNESS.

Brazil has been shot in the mouth.
It has mistaken a bullet for a lemon,
making a "caipirinha" out of it.
That day, carnival,
soccer,
politics,
and the media were born there.
Five hundred years later and I still think the shot backfired.
The shot was meant for the clown's eye.
But that's ok.
There, we always find a way out of a problem.
Oh, my darling!
Your destiny was to be blind anyway.

~~BACANA~~

O tempo escorre como suor pelo meu corpo cansado.
A alegria de viver de samba, pão e circo já não alimenta
minhas fomes cidadãs.
Nasci numa pátria amada que idolatra o que é de fora
e esquece de olhar para a riqueza do que está dentro.
Meu ídolo morre de overdose numa rua esburacada
de promessas não concretas.
É areia o seu asfalto, Brasil.
Minhas pernas estão bambas
e eu danço essa dança macumbeira, católica,
evangélica, sicrana e beltrana.
Afinal, somos todos macacos bacanas comendo bananas.

Cansei.
Faltava educação, quem sabe um mensalão.
Nunca tive privilégios, não estava entre as escolhidas.
Eu ganhava mesada na cara, e a polícia nunca vinha me salvar.
Meu ídolo morre de overdose numa rua esburacada
de promessas não concretas.
É areia o seu asfalto, Brasil.
Minhas pernas estão bambas
e eu danço essa dança macumbeira, católica, evangélica,
sicrana e beltrana.
Afinal, somos todos macacos bacanas comendo bananas.

Meus lábios estão secos porque falta a água filtrada, a manteiga,
o leite do pão.
Minha cesta básica só tem cachaça para esquecer a dor.
Nem arroz lembro do sabor.
Tudo isso acontecendo, uns vivendo, uns morrendo, e a minha sede
só aumenta.

~~HOMEL~~AND.

Time runs down like sweat over my tired body.
My hunger is not fed by samba, bread, and circus anymore.
I was born in a place that adores whatever is not from there,
and forgets to take a look inside.
My idol dies from an overdose over a bumpy street
of not-so-concrete promises.
Your asphalt is just sand, Brazil.
My legs are wobbly
and I dance your ancestral dances.
After all, we're all monkeys *bacanas* eating bananas.

I'm done.
No education. No allowances.
I've never had privileges. I wasn't amongst the chosen ones.
No nuances and the police never came to my rescue.
My idol dies from an overdose over a bumpy street
of not-so-concrete promises.
Your asphalt is just sand, Brazil.
My legs are wobbly
and I dance your ancestral dances.
After all, we're all monkeys *bacanas* eating bananas.

My lips are dried because I need fresh water, butter,
milk for the bread.
My tote bag is full of *cachaça* to make me forget the pain.
I don't even remember how rice tastes anymore.
All of this is happening, some living, others dying,
and I'm thirstier than ever.

~~PÊNDULO~~ PENDURA~~DO~~

Pendido na palavra prévia
Barrada na boca
Fechada
Entre-aberta

Pendurado, o pêndulo
Gira sim
Gira não
Em linhas retas
Ora retorcidas pela minha sede
De ser pendurada

No varal.

PEND~~ULUM~~

Misplaced in the previewed word
Prevented at the mouth
Closed
Ajar

Hanging, the pendulum
Motions yes
Motions no
In straight lines
At times twisted by my wish
To be hanged

On the clothesline.

.HIPNOSE.

Derrubo gotas de sangue por onde passo
como se fossem presentes de viagens
que compramos a preço de banana nas
esquinas dos lugares mais comuns do mundo.
Queria que tivéssemos nos encontrado em
uma das curvas mais retas da Itália.
Queria que tivesse conhecido você num dos
cantos mais raros, quase nunca atravessados.
Mas é claro que você foi aparecer na trilha
que liga Corniglia a Vernazza,
no degrau que levanta milhares de passos todos os dias.
Mas é claro que fui tropeçar na pedra que
você era no meu caminho.
Agora fica tudo tão claro, é claro!
Minhas lágrimas sem boca são as que sempre
doem mais.

Hoje percebo que a inquietação
de quarta-feira era apenas
uma poesia entupida.
Pronto.
Passou.

~~HYPNOSIS~~.

I drop blood drops everywhere I go
as if they were souvenirs we buy
for cheap during our trips
in the corners of the most common places in the world.
I wish we had met on
one of the straighter curves of Italy.
I wish I had encountered you on
a unique and rare corner, almost never crossed.
But of course, you showed up
at the trail connecting Carniglia to Vernaza,
at the step that lifts thousands of feet every day.
But of course, I toppled on the stone
you were in my way.
Now, everything is clear, of course!
My tears with no mouth are the ones that always
hurt more.

Today, I realized my unsubtly ways
of Wednesday were just
a poem stuck inside me.
Done.
It's gone.

.COR~~ONA~~.

Os felizes dizem que é hora
de focar no amor, na cura do planeta.
Os mais felizes dizem que é hora
de parar de reclamar
        de chorar
        de fofocar
        de perder tempo.
Eu digo que andávamos tão ocupados com
                a vida importante dos outros,
                o relógio sempre atrasado,
                o trânsito violento,
                a roupa para impressionar.
Mas, e agora?
Agora que só quem vê você é o espelho.
Agora que você só tem a própria sombra.
Dá saudade de abraçar?
        de beijar?
         de tocar as mãos?
Dá saudade de ser humano, ser humano?

.COVID.

The happy ones might say it's time
for us to focus on love, on the planet's cure.
The happier ones might say it's time
to stop complaining
        crying
        gossiping
        wasting time.
I must say we were too worried about
                            other people's lives
                            the clock always late
                            traffic jams
                            dressing to impress.
But now what?
Now that all you see is your own reflection in the mirror.
Now that all you have is your own shadow.
Do you miss hugging?
            kissing?
            touching hands?
Do you miss being human, human being?

.METADE.

Não amamos fulano ou ciclano.
Amamos a nossa felicidade
quando estamos ao lado de alguém legal.
E quando o legal fica chato?
Mudamos de lugar e continuamos
felizes em qualquer outro lado,
contanto que não seja do lado errado.
Poderíamos ser inteiros,
mas preferimos ser
half love.

.HA~~LF~~.

We don't love this or that person.
We love our happiness
when we're next to someone special.
And when what was cool becomes boring?
We change directions and keep on being
happy someplace else,
as long as it's not the wrong place
We could be whole,
but we would rather be
half love.

.VI.

REAL

EYES

Leave my slum, Mister Player
Vacate my heart from your noises
There's no trapdoor to my dreams
Stop!
Do not overlap my lecture about red roses
Do not scrawl my book of wannabe happiness

You ignite my house and then leave
Bloodstains all over my carpet
but no one is hurt on the outside
Stop!
Do not ramble over with my soul
Do not shine your eyes over my darkness

My body shivers for forgiveness
You fool around in the corner of my mind
to see if you can make me fragile as you did before
Stop!
Do not make me puke over this dinner for one
Do not play your rented sorrows with my own guitar
I see you.
Let me go.
You have to go.

~~OLHAR~~.

Deixe a minha favela, Senhor Jogador
Desocupe o meu coração dos seus barulhos
Não há alçapão para os meus sonhos
Pare!
Não sobreponha sua voz sobre a minha palestra
sobre rosas vermelhas
Não rabisque o meu livro de felicidades futuras

Você acende a minha casa e vai embora
Marcas de sangue por todo o carpete
mas ninguém está ferido por fora
Pare!
Não divague com a minha alma
Não ilumine minha escuridão com seus olhos

Meu corpo treme por perdão
Você brinca na esquina da minha mente
para ver se pode ativar minha fragilidade como já fez uma vez
Pare!
Não me faça vomitar sobre esse jantar para um
Não toque as suas dores com o meu violão
Vejo você.
Deixe-me ir.
Vá embora.

~~HUNTING HEARTS.~~

Nine in the evening
Old smoke in the balcony
Market is closed
He squeezes that one orange you had in the fridge
He makes dinner with your frozen food
Shit!
He remembers you are coming home soon
He adds more food to that pan pretending
dinner is for two
He puts wine in the sauce
and
He makes sure there's an extra bottle for later
Because It's easier to fuck a drunk red riding hood
Bad wolf wants you for dessert
If he only knew *you are* the huntsman
In this story
Yum!

~~.CAÇANDO CORA~~ÇÕES.

Nove da noite
Fumaça velha na sacada
Mercado fechado
Ele espreme aquela ultima laranja da geladeira
Ele faz a janta com a sua comida congelada
Droga!
Ele lembra que você vai chegar em casa logo
Ele adiciona mais comida na panela para fingir que
o jantar era para dois
Ele coloca vinho no molho
e
Ele deixa uma garrafa extra para depois
Porque é mais fácil comer uma chapeuzinho vermelha bêbada
O lobo mau quer você de sobremesa
Ah! Se ele soubesse que *você é* a caçadora
desta história
Hum!

GROCERIES

Not sure if you could sell me a reason to stay.
Do you have pieces of shredded freedom
in alley number 10?
How about 2 pounds of frozen hope?
Is this heart steak good for emptiness?
Is this tea good for sleepless nights?
They say organic is better, right?
I can sell you a box of freshly squeezed tears.
You're right. I'm here to buy, not to sell.
Fine.

Are you sure?
And if I give you a can of happiness, would you take it?
Please, don't try to sell it.
It doesn't have an expiration date
and your customers might think you are a con.
Yeah, I know, people don't believe
we can be happy all the time.
I will keep trying though.
How much?

~~MERCADO~~RIAS.

Não sei se você pode me vender uma razão para ficar.
Você tem pedaços de liberdade desfiada no corredor 10?
Que tal 2 libras de esperança congelada?
Esse filé de coração é bom para o vazio?
Esse chá é bom para noites mal dormidas?
Dizem que orgânico é melhor, certo?
Posso vender uma caixa de lágrimas recém espremidas.
Você tem razão. Estou aqui para comprar,
não para vender.
Beleza.

Tem certeza?
E se eu desse uma lata de felicidade, você pegaria?
Por favor, não tente vendê-la.
Não há validade
e seus clientes podem pensar que é um golpe.
Sim, eu sei, as pessoas não acreditam que
possamos ser felizes o tempo todo.
Porém, vou continuar tentando.
Quanto?

.E-MAIL.

Sometimes I wonder:
I should not go to class
on Monday night
if I don't feel like going to class
on Sunday, right?
I'm not sick, maybe homesick.
Right now, I just want to stay home,
breath and think.
Sure, I'm doing my homework,
and I'll send it over tomorrow.
It'll be in your inbox first thing in the morning.

What if I don't go to class tomorrow?
Would you pardon me?
Please don't be mad.
Please, do nothing.
Let's not get into a fight.
This is just another Sunday night, right?

.~~C~~ARTEIRO.

Às vezes penso:
Devo ir à aula
na segunda-feira à noite
se não sinto vontade de ir à aula
no domingo?
Não estou doente, talvez com saudade de casa.
Agora só quero estar em casa,
respirar e pensar.
Claro, estou fazendo a tarefa de casa,
e entregarei tudo amanhã.
Vai estar tudo no seu e-mail amanhã cedo.

E se eu não for à aula amanhã?
Você me perdoaria?
Por favor, não fique bravo.
Por favor, não faça nada.
Não vamos brigar.
Isso tudo são apenas divagações de um domingo à noite, certo?

~~NEW YORK~~

New sight
New ways
New light
New portraits
New air
New ideas
New despairs
New poetry
New people
New inspirations
New couple
New sensations
New old
New mood
New gold
New good
And in the end, I realize this is my New Hollywood!

.~~NOVA IOR~~QUE.

Novas vistas
Novos caminhos
Novas luzes
Novos retratos
Novos ares
Novas ideias
Novos desesperos
Novas poesias
Novas pessoas
Novas inspirações
Novos casais
Novas sensações
Novo velho
Novo humor
Novo ouro
Novo bom
E no final, percebi que ela era a minha nova Hollywood!

~~BIPOLAR~~

Thank you for accepting my sadness,
and my disoriented heart.
Thank you for listening to my broken words
and turning them into love songs.
But the thing is
I hate parking meters!
Whoever invented them is an asshole.
Don't they know people are optimistic?
We hope those 25 cents will last a whole hour.
I can't afford parking tickets.
I work full time.
I never have enough coins in my pocket.
My credit card has been deactivated:
the wrong pin entered too many times.
The city must be a rich bitch.
If I could,
I would remove all the parking meters from the world.
For now, I'm glad today I stayed home.

~~BIPOLARIDADE~~.

Obrigada por aceitar a minha tristeza
e o meu coração desorientado.
Obrigada por escutar as minhas palavras quebradas
e transformar elas em músicas.
Mas é que
eu odeio os parquímetros!
Quem os inventou é um idiota.
Eles não sabem que as pessoas são otimistas?
Esperamos que aqueles 25 centavos durem por uma hora.
Não posso pagar multas de trânsito.
Trabalho o dia todo.
Nunca tenho moedas suficientes no bolso.
Meu cartão de crédito foi desativado:
senha incorreta digitada muitas vezes.
A cidade deve ser uma puta rica.
Se eu pudesse,
removeria todos os parquímetros do mundo.
Por agora, fico feliz que hoje fiquei em casa.

JUICE

You see a glass of water on top of the kitchen counter.
You are not thirsty, not at all.
You see that glass of water looking at you.
You turn left and see an orange sitting alone
inside of a pretty basket.
You think about a lonely kid sitting on a bench
at the playground waiting for the other kids to arrive.
Magnetic energy pulls that orange toward that glass.
But the orange is still whole and needs the human hand
to become juice.
Only after turning liquid, orange truly touches the water.
Squeezed, they dance together in a circular motion.
They are making love for the first time.
Every time, that memory makes you wonder,
and a silent cry happens in a hidden place inside of you.
Don't worry, it's just your soul trying to re-accommodate.
Now, look at me while my soul adjusts its belt
and manages to set itself free.
I feel comfortable again and I walk toward that glass.
I drink that watery orange juice and think
How ironic! The color yellow tries to hide from the world
inside of a transparent glass.
It's a Facebook world of not-so-private diaries.
It tells me so much. It tells me nothing.
I see empty bodies emptying hearts away.
I see worthless diamond rings being squeezed on ladies' fingers.
And in the end, there's this fake reality of perfect dolls.
And the perfect princes ride their white horses to nowhere.

.~~SUCO GE~~LADO.

Você vê um copo de água em cima do balcão da cozinha.
Você não está com sede nenhuma.
Você vê aquele copo de água olhando para você.
Você vira para a esquerda e vê uma laranja sentada
sozinha dentro de uma fruteira.
Você pensa sobre uma criança sentada sozinha
no parque de diversões à espera das outras crianças.
Uma energia magnética puxa aquela laranja
para perto daquele copo.
Mas a laranja ainda está inteira e precisa da mão humana
para virar suco.
Apenas depois de virar líquido, a laranja pode tocar
a água de verdade.
Espremida, eles dançam em círculos
e fazem amor pela primeira vez.
Toda vez, essa lembrança faz você viajar nos pensamentos,
e um choro silencioso cai em algum lugar secreto dentro de você.
Não se preocupe, é apenas a sua alma tentando se reacomodar.
Agora olha para mim enquanto a minha alma ajusta os cintos de
segurança e se livra deles.
Sinto-me confortável novamente e caminho até aquele copo.
Tomo aquele suco aguado e penso
Que ironia! A cor amarela tenta se esconder do mundo
dentro de um copo transparente.
É o mundo-facebook de diários não mais privados.
Isso me diz tanta coisa. Isso não me diz nada.
Vejo corpos vazios esvaziando corações por aí.
Vejo anéis de diamantes baratos sendo espremidos
em dedos de mulheres.
E no final, há essa realidade falsa e bonecas perfeitas.
E os príncipes perfeitos andam com seus cavalos brancos para
lugar nenhum.

MIRROR

Sometimes I wonder
about the things you can see through this looking glass,
if you see the connections.
Particles coming together
to make us who we are,
to make my heart half shaped,
to make you disappear.

Sometimes I wonder
about who you see in there.
If you see loose pieces or a whole shape.
Maybe all of it is old painting chips, leftovers
left behind when *decoding the flow* of daydreams.
They hold a palace place on life's tray of new possibilities.
They are the grains of sand resting their wondering heads
on the shores of Californian seascapes.

Hope you can see a colorful
reflection when you look at yourself in this mirror.
Hope you can reinvent your image
like the trees change the colors of their dying branches,
like my dried-up tears pretend to be freckled smiles.

Sometimes I, too, look at myself in this mirror
and see nothing I can relate to.

REFLEXO

Às vezes penso
sobre todas as coisas que você pode ver através do espelho,
se você vê as conexões.
Partículas se reunindo
para nos tornar quem somos,
para deixar meu coração pela metade,
para fazer você desaparecer.

Às vezes penso
sobre quem você vê lá.
Se você vê pedaços soltos ou algo inteiro.
Talvez tudo isso seja fragmentos de tinta velha, restos
deixados para trás quando decodificamos o fluxo dos sonhos.
Eles mantêm um lugar grandioso na bandeja
de possibilidades da vida.
Elas são grãos de areia descansando suas cabeças
à beira-mar nas paisagens californianas.

Espero que você consiga ver esse reflexo
colorido quando se olhar no espelho.
Espero que você possa reinventar a sua imagem
assim como as árvores trocam a cor de seus galhos mortos,
assim como minhas lágrimas secas fingem ser sorrisos de sardas.

Às vezes eu também olho para mim nesse espelho
e não vejo nada que eu possa identificar.

ABOUT THE AUTHOR

Ana Silvani is a Latin-American who carries her poetic heart in a bag around the world. At 25, after graduating in Languages & Literature – Portuguese/English, and working as a teacher and storyteller, she decided to jump on the Multilanguage universe of North-American adventures and landed in the U.S. In the beginning, she felt like a stranger at a weird party, but little by little, her bilingual skills developed allowing Ana to increase the volume of her Brazilian silences. She has studied movies, writes and produces independent films. Most recently, her poem *Internet* was selected to be part of the book *Poetize 2021*. Now, from within high-pitched linguistic noises and years of cultural tuning, her first bilingual poetry book *Half Love, Meta(de) Amor* is being published.

Books:

Poetize 2021 – An Anthology of Brazilian Poems
Her poem *Internet* can be found on page 71
Editora Vivara – (paperback)

Half Love, Meta(de) Amor – Bilingual Poems
WeBook Publishing - (English Edition)
(180p., hardcover + paperback + ebook)

Meta(de) Amor – Poems
WeBook Publishing (Portuguese Edition)
Release: November/2021 (85p. - ebook)

Independent Movies: (please request media kit for more details)

Catharsis (2023 – USA), feature – 1st AD/Producer
QuaranTeam (2020 - USA), short - Screenwriter/Producer
Double Blind (2019 - South Africa), short - Screenwriter/Producer
Brazil My Love (2015 - USA), feature movie - Producer

Connect:

Los Angeles, CA

apssilvani@gmail.com

IG: @anasilvani_

info@webookpublishing.com

IG: @webook_publishing

webookpublishing.com

SOBRE A AUTORA

Ana Silvani é uma *latina/americana* que carrega seu coração poético na bolsa ao redor do mundo. Em 2005, depois de se formar em Letras - Português / Inglês, e trabalhar como professora de Línguas e Literatura, e contadora de histórias, resolveu entrar no universo multilíngue das aventuras norte-americanas e desembarcou nos Estados Unidos. No início, se sentia como uma estranha em uma festa esquisita, mas aos poucos o seu bilinguismo se desenvolveu, permitindo a ela aumentar o volume dos seus silêncios brasileiros. Ana estudou cinema, escreve e produz filmes independentes. Recentemente, o seu poema *Internet* foi selecionado para o livro Poetize 2021. E agora, de dentro de ruídos linguísticos agudos e refinamentos culturais, acaba de nascer um livro de poemas bilíngues intitulado *Half Love, Meta(de) Amor*.

Livros:

Antologia Poética, Poetize 2021
O poema *Internet* pode ser encontrado na página 71
Editora Vivara – (brochura)

Half Love, Meta(de) Amor – poemas bilíngues
WeBook Publishing (edição bilíngue inglês-português)
(180 págs., capa dura + brochura + e-book)

Meta(de) Amor – poemas
WeBook Publishing (edição em Português)
Publicação: Novembro/2021 (85 págs. - e-book)

Filmes Independentes:

Catharsis (2023 – EUA), longa metragem – 1st AD/produção
QuaranTeam (2020 – EUA), curta -- roteiro/produção
Double Blind (2019 – África do Sul), curta -- roteiro/produção
Brasil Meu Amor (2015 – EUA), longa metragem -- produção

NOTES:

If you pay too much attention to details, you've probably noticed the titles have periods in the beginning and in the end of their names. Also, most of them have parts of the words crossed out.

If you want to have more fun with them, play around giving double meaning to the titles to see if they still make sense with the poem they belong to.

My translations have tried to adjust both languages to their cultural meaning from my point of view. Feel free to make your own translations if you have enough cultural knowledge of both worlds. More than language itself, a translator needs to see the words that squeeze in between the lines and give them a new life, a new shape, a new way of being. The challenge here is to lock "liquid" and even-so-often changing languages within two periods. I've tried to control them, but they keep updating themselves in my head.

Wish me luck. And tell me, what's in the other half of love?

NOTA:

Se você presta muita atenção aos detalhes, provavelmente percebeu que há pontos (finais) no começo e no final de cada titulo. E também que a maioria deles tem algumas palavras riscadas.

Se você gosta de se divertir com as letras, brinque com elas e tente dar a elas duplo significado e veja se, ainda assim, elas fazem sentido com o poema ao qual pertencem.

Minhas traduções tentam ajustar duas línguas aos seus significados culturais pelo meu ponto de vista. Sinta-se à vontade para fazer as suas próprias traduções se você tem conhecimento suficiente sobre esses dois mundos. Muito mais do que apenas língua, um tradutor precisa ver as palavras que se espremem nas entrelinhas e dar a elas uma vida nova, uma forma nova de ser. O desafio aqui é trancar línguas "líquidas," e que mudam constantemente, dentro de dois pontos finais. Tentei controlá-las, mas elas continuam a se atualizar dentro da minha cabeça.

Deseje-me sorte. E me conta, qual é a sua meta de amor?

www.ingramcontent.com/pod-product-compliance
Lightning Source LLC
Chambersburg PA
CBHW022042160426
43209CB00002B/38